# DIDACHE ODER APOSTELLEHRE
## UND DER BARNABASBRIEF

Übersetzt von
FRANZ ZELLER

# INHALT

## DIDACHE ODER APOSTELLEHRE.

| | |
|---|---:|
| Einleitung. | 3 |
| 1. Kap. Die zwei Wege. Der Weg des Lebens verlangt Gottes- und Nächstenliebe. | 9 |
| 2. Kap. Die Pflichten gegen Leben und Eigentum des Nächsten. | 11 |
| 3. Kap. Warnung vor Leidenschaft und Götzendienst. | 13 |
| 4. Kap. Geben ist seliger denn Nehmen; Pflichten von Herrn und Knecht. Warnung vor Heuchelei. | 15 |
| 5. Kap. Der Weg des Todes. Kennzeichen desselben. | 17 |
| 6. Kap. Vollkommen ist, wer das Joch des Herrn trägt; Verhalten gegenüber dem Judentum und Heidentum. | 19 |
| 7. Kap. Anweisung über die Spendung der Taufe. | 20 |
| 8. Kap. Belehrung über Fasten und Gebet. | 22 |
| 9. Kap. Belehrung über die Feier der Eucharistie. | 24 |
| 10. Kap. Dankgebet nach der Feier der Eucharistie. | 26 |
| 11. Kap. Pflicht der Gastfreundschaft gegenüber Lehrern und Propheten. | 28 |
| 12. Kap. Gastfreundschaft gegenüber den fremden Glaubensgenossen. | 31 |
| 13. Kap. Pflichten gegenüber den wahren Propheten. | 33 |
| 14. Kap. Feier des Sonntags durch die Eucharistie. | 35 |
| 15. Kap. Wahl der Bischöfe und Diakonen; brüderliche Zurechtweisung. | 36 |
| 16. Kap. Harret aus im Guten bis zum Ende, wo sich die falschen Propheten mehren. | 37 |

# BARNABASBRIEF

| | |
|---|---:|
| Einleitung | 41 |
| 1. Kap. Gruß und Freude über die Berufung. | 48 |
| 2. Kap. Die jüdischen Opfer sind wertlos. | 50 |
| 3. Kap. Das jüdische Fasten ist nicht vollwertig. | 52 |
| 4. Kap. Der Antichrist ist nahe. | 54 |
| 5. Kap. Der Neue Bund ist unser Heil, der Juden Verwerfung. | 58 |
| 6. Kap. Die Weissagungen der Propheten über den Neuen Bund. | 61 |
| 7. Kap. Vorbilder im Alten Bunde. | 66 |
| 8. Kap. Weitere Vorbilder. | 69 |
| 9. Kap. Die Beschneidung ein Vorbild für die Reinigung des Herzens. | 71 |
| 10. Kap. Die Speisegebote sind symbolisch aufzufassen. | 74 |
| 11. Kap. Vorbilder für das Kreuz und die Taufe. | 78 |
| 12. Kap. Fortsetzung. | 81 |
| 13. Kap. Das Christentum ist Erbe des Alten Bundes. | 85 |
| 14. Kap. Das Reich Gottes ist von den Juden auf die Christen übergegangen. | 87 |
| 15. Kap. An Stelle des jüdischen Sabbates trat der christliche Sonntag. | 90 |
| 16. Kap. An Stelle des steinernen Tempels der Juden trat der geistige Tempel der Christenherzen. | 93 |
| 17. Kap. Schluss des ersten Teiles über das Alte Testament. | 96 |
| 18. Kap. Zweiter Teil: Die beiden Wege. | 97 |
| 19. Kap. Der Weg des Lichtes. | 98 |
| 20. Kap. Der Weg der Finsternis. | 101 |
| 21. Kap. Wandle in Gottes Geboten, denn der Herr ist nahe. | 103 |

# DIDACHE ODER APOSTELLEHRE.

Lehre der zwölf Apostel.
Lehre des Herrn an die Heiden durch die zwölf Apostel.

## ΔΙΔΑΧΗ

ΤΩΝ ΔΩΔΕΚΑ ΑΠΟΣΤΟΛΩΝ

# EINLEITUNG.

Die Didache ist die älteste der überlieferten Kirchenordnungen. Sie war längst in einzelnen Bruchstücken aus den Erwähnungen alter Kirchschriftsteller bekannt, als sie im Jahre 1875 durch den Metropoliten Philothoas Bryennios von Nikodemien aus der sogenannten Jerusalemer Handschrift, die sich schon im Jahre 1883 in der Bibliothek des Hospizes vom heiligen Grab in Konstantinopel befand und jetzt in Jerusalem ist, herausgegeben wurde. Die aus dem Jahre 1056 stammende Handschrift nennt in ihrem Inhaltsverzeichnis die Schrift einfach „Lehre der zwölf Apostel", während der ursprüngliche, über dem Text stehende Titel die vollere Form hat: „Lehre des Herrn durch die zwölf Apostel an die Heiden". Die Schrift selbst erhebt nirgends den Anspruch, apostolisch zu sein. Für die sechs ersten Kapitel gibt es auch eine alte lateinische Übersetzung in einer Münchener Handschrift vom elften Jahrhundert, die J. Schlecht aufgefunden und im Jahre 1900 veröffentlicht hat.

Die Didache, in deren sechs ersten Kapiteln wir offenbar eine Ansprache an Täuflinge zu sehen haben[1] zerfällt in drei Hauptteile, die durch die Übergänge[2] im Texte selbst deutlich gekennzeichnet sind. In dem ersten Teil (c. 1—6) werden die zwei Wege beschrieben: der Weg des Lebens (c. 1—4), der Weg des Todes (c. 5); im sechsten Kapitel wird sodann zusammenfassend Vollkommenheit verheißen für den, der auf dem Wege des Lebens wandelt. Der Weg des Lebens enthält neben vielen anderen sittlichen Vorschriften das Gebot der Gottes- und Nächstenliebe und strenge Warnung vor Zauberei und Götzendienst. Der Weg des Todes (c. 5) bringt eine Aufzählung von Sünden und Lastern. Der zweite Hauptteil (c. 7—10) ist ein altkirchliches Rituale mit Vorschriften über die Spendung der Taufe, über Fasten und Gebet und vor allem über die Feier der Eucharistie; hier finden sich drei herrliche Gebete in betreff des Kelches, des Brotes und zur Danksagung. Darauf folgt im dritten Hauptteil (c. 11—15) zunächst eine Belehrung über die Aufnahme und Bewirtung der Apostel und Propheten, der zugereisten Brüder überhaupt, wobei Güte und Vorsicht empfohlen wird, Vorsicht, weil sich auch Schwindler einfinden. In den folgenden Kapiteln hören wir einiges über die Feier des Herrentags (Sonntags), über die nötigen Eigenschaften und die Wahl der Bischöfe und Diakonen, über die Verpflichtungen der Gemeindeglieder gegen Gott und gegeneinander. Das Schlusskapitel endlich enthält eine Mahnung zur Wachsamkeit unter Hinweis auf die bevorstehende Ankunft des Herrn und seiner Heiligen am Ende der Welt, dessen Vorzeichen und Gefahren geschildert werden.

Über Zeit und Ort der Abfassung gehen die Ansichten der Gelehrten auseinander. Die Meinung einzelner, dass die Didache dem vierten oder fünften christlichen Jahrhundert angehöre, ist abgetan. Viele Gründe sprechen für eine viel frühere Zeit, dass nämlich die Schrift den letzten Jahrzehnten des ersten christlichen Jahrhunderts angehöre. Denn sie trägt das Gepräge großer Altertümlichkeit an sich, das nicht als gekünstelt oder als literarische Einkleidung erscheint. So kommt den Wanderlehrern (Aposteln und auch den Propheten)[3] eine viel größere Bedeutung in der Gemeinde zu als den Bischöfen und Diakonen, deren Amt erst in der Entwicklung[4] erscheint. Demnach ist noch keine geschlossene, fertige Ordnung in der Gemeinde vorhanden; sie bezieht ihre Lehrer noch von auswärts; die Spendung der Taufe geschieht durch die Gemeinde, nicht durch amtliche Vorsteher (c. 7, 1), der Ritus für Taufe und Eucharistie ist noch nicht festgelegt, sondern erscheint in der Art der Darbietung durch die Didache als etwas Neues und ist im Vergleich mit der weit entwickelteren Liturgie bei Justin dem Märtyrer (+ 165) sehr einfach und dürftig. Das sind Verhältnisse, wie sie im zweiten Jahrhundert wohl nirgends mehr, oder doch nur sehr selten anzutreffen sein dürften; aber eine sichere Datierung lässt sich mit solchen Gründen nicht erreichen.

Auch das Verhältnis der Didache zum Barnabasbrief, der in Kapitel 18—20 die Wege des Lichtes und der Finsternis in auffallender Ähnlichkeit mit der Darstellung des Weges des Lebens und des Todes in der Didache (c. 1—5) beschreibt, führt zu keinem bestimmten Resultat, da das literarische Verhältnis der beiden Schriften nicht geklärt ist. Die einen (Bryennios, Harnack, Volkmar) nehmen eine Abhängigkeit der Didache vom Barnabasbrief an, finden aber auf der anderen Seite (Funk, Zahn, Schaff) Gegner, die mit guten Gründen für die Priorität der Didache eintreten. Vor allem spricht die literarische Ungewandtheit des Barnabasbriefes gegen seine Priorität. Wenn sodann zwischen dem Pastor Hermä[5] und der Didache (c. 5) eine direkte Beziehung besteht, so müsste diese als Abhängigkeit des Pastor Hermä von der Didache angesehen werden.

Am besten löst diese Schwierigkeiten die von P. Drews[6] vertretene Annahme einer sogenannten Urdidache. Diese würde c. 1-6 umfassen mit Ausnahme des Stückes 1, 3, bis 2, 1. Zu dieser Begründung wird angeführt, dass für diesen Teil sich zahlreiche Parallelen in alten christlichen Schriften finden, vor allem im Barnabasbrief (c. 18-20), in der apostolischen Kirchenordnung (c. 4-13), in pseudoathanasianischen Schriften, in der Vita des ägyptischen Mönches Schnudi (+ 451), ferner dass nur für diesen Teil eine alte lateinische Übersetzung überliefert ist, in der die Stelle 1, 3 bis 2, 1 fehlt. Auch in der Wortwahl, im Satzbau, in grammatischer Hinsicht, in der fast ausschließenden Benützung des Alten Testamentes unterscheiden sich diese Kapitel merklich von dem übrigen Teil der Didache und tragen einen mehr jüdischen Charakter. Der Abschnitt 1, 3 bis 2, 1 wäre von einem späteren christlichen Bearbeiter der Urdidache eingefügt worden; hier finden sich auch Entlehnungen aus dem neuen Testament, die aus dem Texte des Matthäus- und des Lukasevangeliums zusammengesetzt sind. Vom siebten Kapitel ab beruft sich der Verfasser der Didache fünfmal ausdrücklich auf das „Evangelium", bringt Stellen aus Matthäus und Lukas und den Paulusbriefen; auch johanneische Gedanken und Worte klingen an. Diese Urdidache wäre als eine selbständige, für Proselyten bestimmte Schrift anzusehen, die der Verfasser der Didache für seine Zwecke aufgenommen und durch Hinzufügung von c. 7-15 (16 würde zur Urdidache als Schluss zu nehmen sein) zu der vorliegenden Schrift erweitert hat. Mit dieser Annahme einer Urdidache verlieren wir eine bestimmte Zeitgrenze nach oben. Man wird, auf die inneren Gründe gestützt, sagen müssen, dass die Didache zwischen den Jahren 80 und 100 entstanden ist. Als Entstehungsort kommt in Betracht Syrien-Palästina oder Ägypten.

In den Kirchen dieser Länder hat die Didache auch hohes Ansehen erlangt. Justin[7] kennt die Didache, Klemens von Alexandrien zählt sie sogar zur Heiligen Schrift[8]. Origenes kennt sie[9]; Eusebius[10] verweist sie unter die neutestamentlichen Apokryphen. In der apostolischen Kirchenordnung sind die Kapitel 4-13 eine ausführliche Bearbeitung des Weges des Lebens, und die ganze Didache ist erweitert in den apostolischen Konstitutionen VII 1-32. Von den Lateinern hat sie schon Pseudocyprian[11], Kommodian[12], Laktanz[13], Optatus von Mileve[14] gekannt. Auch in der Regel des Benedikt von Nursia (c. 4) und in den dicta des Abtes Pirmin von der Reichenau[15] finden sich Anklänge an die Didache oder deren Urschrift.

Mit freudigem Eifer hat sich die moderne Forschung diesem kostbaren Stücke christlichen Altertums gewidmet;

nicht nur der berufsmäßige Gelehrte, jeder Theologe nimmt mit Interesse diese Schrift zur Hand.

---

1. c. 7, 1.
2. c. 7, 1; 10, 7 und 11, 1
3. Die Apostel sind nicht die vom Herrn bestellten 12 Apostel, sondern Wanderprediger, die von Gemeinde zu Gemeinde ziehend das Evangelium verkünden und in jeder Gemeinde nur einen, höchstens zwei Tage bleiben dürfen. Wer drei Tage bleibt, ist ein Pseudoprophet (c. 11). Die Propheten, vielfach auch den Gemeinden zugewandert und in denselben ansässig (c. 11; 13, 1), werden von den Gemeinden unterhalten; sie unterscheiden sich von den anderen Lehrern durch das ἐν πνεύματι λαλεῖν (c. 11, 7), durch die Predigt in der Ekstase. Diese war gegen Ende des zweiten Jahrhunderts verboten (Euseb. Hist. eccl. V, 17) wegen der Montanisten. Die Propheten genießen manches Vorrecht in der Gemeinde, so dürfen sie die Danksagung nach der Eucharistie nach freiem Ermessen ausdehnen (c. 10, 7).
4. Eine viel größere Bedeutung in der Gemeinde haben die Presbyter im Klemensbrief, ebenso der Bischof und das Presbyterium in den Ignatiusbriefen.
5. Mand. VIII 3-5.
6. S. Henneke, Neutestamentl. Apokryphen S. 182-188.
7. Apol. I, 16.
8. Strom. I 20, 100.
9. De princ. 2, 7.
10. Hist. eccl. III 25, 4
11. Adv. aleat. 4.
12. Instr. II 17, 10 = 4, 2.
13. Div. Inst. VI 3-23.
14. De schism. Donat. I, 21.
15. Caspari, Kirchenhistor. Anekdota (Christiania 1883) S. 149.

## 1. KAP. DIE ZWEI WEGE. DER WEG DES LEBENS VERLANGT GOTTES- UND NÄCHSTENLIEBE.

Zwei Wege gibt es, einen zum Leben und einen zum Tode; der Unterschied zwischen den beiden Wegen aber ist groß.

2. Der Weg des Lebens nun ist dieser: "erstens du sollst deinen Gott lieben, der dich erschaffen hat, zweitens deinen Nächsten wie dich selbst"[1]; "alles aber, von dem du willst, daß man es dir nicht tue, das tue auch du[2] keinem anderen.

3. In diesen Worten ist aber folgende Lehre enthalten: "Segnet die, welche euch fluchen und betet für eure Feinde; ja fastet für die, die euch verfolgen; denn welche Gnade (soll euch werden), wenn ihr die liebet, die euch lieben? Tun nicht auch die Heiden dasselbe? Ihr aber sollt lieben, die euch hassen"[3], und ihr sollt keinen Feind haben. 4. "Enthalte dich der Lüste des Fleisches[4] und des Körpers! "Wenn dich einer auf die rechte Wange schlägt, reiche ihm auch die andere dar und du wirst vollkommen sein; wenn einer dich eine Meile

weit nötigt, gehe zwei mit ihm; wenn einer dir den Mantel nimmt, gib ihm auch den Rock; wenn dir einer das Deinige nimmt, fordere es nicht zurück"[5]; denn du kannst es auch nicht. 5. "Jedem, der dich bittet, gib und fordere es nicht zurück"[6]; denn der Vater will, daß allen gegeben werde von den eigenen Gnadengaben. Glücklich, wer dem Gebote entsprechend gibt; denn er ist frei von Schuld. Wehe dem, der nimmt! Zwar wenn einer in der Not nimmt, so soll er ohne Schuld sein; ist er aber nicht in Not, dann muß er sich verantworten, weshalb er genommen und wozu? man wird ihn ins Gefängnis werfen und ihn genau untersuchen über sein Tun, und er wird "von dort nicht herauskommen, bis er den letzten Heller bezahlt hat"[7]. 6. Aber auch über diesen Punkt heißt es: "Schwitzen soll das Almosen in deinen Händen, bis du erkannt hast, wem du es geben sollst."

---

1. Matth. 22,37-39; Mark. 12,30.31; Sir. 7,30.
2. Matth. 7,12; Luk. 6,31.
3. Matth. 5,44.46.47; Luk. 6,28.32.
4. 1 Petr. 2,11.
5. Matth. 5,39-41; Luk. 6,29.30.
6. Luk. 6,30.
7. Matth. 5,26.

## 2. KAP. DIE PFLICHTEN GEGEN LEBEN UND EIGENTUM DES NÄCHSTEN.

Das zweite Gebot der Lehre aber (heißt):
2. "Du sollst nicht töten, du sollst nicht ehebrechen", du sollst nicht Knaben schänden, du sollst nicht Unzucht treiben, "du sollst nicht stehlen"[1], du sollst nicht Zauberei treiben, du sollst nicht Gift mischen, du sollst nicht das Kind durch Abtreiben umbringen und das Neugeborene nicht töten, "du sollst nicht begehren nach deines Nächsten Gut"[2].

3. "Du sollst keinen Meineid schwören, kein falsches Zeugnis geben"[3], du sollst Schlimmes nicht nachreden, du sollst Böses nicht nachtragen.

4. Du sollst nicht doppelsinnig noch doppelzüngig sein; die Doppelzüngigkeit ist nämlich ein Fallstrick zum Tode.

5. Deine Rede sei nicht lügnerisch, nicht leer, sie sei inhaltsreich durch (die) Tat.

6. Du sollst nicht habgierig sein, nicht auf Raub bedacht,

nicht verschlagen, nicht boshaft, nicht hoffärtig. Du sollst keine schlimmen Pläne schmieden wider deinen Nächsten.

7. Du sollst niemand hassen, sondern die einen zurechtweisen, [mit anderen Mitleid haben,] für andere beten, wieder andere lieben mehr als deine Seele.

---

1. Mt 19,18.
2. Ex 20:17; Röm 13:9; 7:7.
3. Mt 5:33; 19:18.

## 3. KAP. WARNUNG VOR LEIDENSCHAFT UND GÖTZENDIENST.

Mein Kind, fliehe vor allem Bösen und allem, was ihm ähnlich ist.

2. Sei nicht zornmütig, denn der Zorn führt zum Mord, noch eifersüchtig, noch zänkisch, noch reizbar; denn all das führt zu Mordtaten.

3. Mein Kind, sei nicht lüstern, denn die Lüsternheit führt zur Unzucht, meide die Zoten und freche Blicke; denn all das führt zum Ehebruch.

4. Mein Kind, achte nicht auf den Vogelflug, da dies zum Götzendienst führt; halte dich frei von Beschwörungen, Sterndeuterei, Zauberei, wünsche nicht einmal zuzuschauen oder zuzuhören; denn aus all dem entsteht Götzendienst.

5. Mein Kind, sei kein Lügner, da das Lügen zum Diebstahl führt; sei weder geldgierig noch ruhmsüchtig; denn aus all dem entsteht der Diebstahl.

6. Mein Kind, sei nicht mürrisch, da dies zur Lästerung

führt, sei nicht frech, nicht bösartig; denn aus all dem entstehen Lasterreden.

7. Sei vielmehr sanftmütig, da "die Sanftmütigen das Erdreich besitzen werden"[1]. 8. Sei langmütig, barmherzig, ohne Falsch, ruhig, gut und "zittre allzeit vor den Worten"[2], die du gehört hast. 9. Du sollst dich nicht selbst erhöhen und deiner Seele keinen Übermut gestatten. Deine Seele soll nicht zusammen sein mit den Hochmütigen, sondern sie soll wandeln mit den Gerechten und den Demütigen. 10. Was dir Schlimmes zustößt, nimm als gut auf, du weißt ja, dass ohne Gott nichts geschieht.

---

1. Mt 5:4; Ps 36:11.
2. Jes 66:2.

## 4. KAP. GEBEN IST SELIGER DENN NEHMEN; PFLICHTEN VON HERRN UND KNECHT. WARNUNG VOR HEUCHELEI.

Mein Kind, Tag und Nacht sollst du dessen gedenken, der dir Gottes Wort verkündet, ehren sollst du ihn wie den Herrn; denn woher seine Herrlichkeit verkündet wird, da ist der Herr.

2. Täglich sollst du das Antlitz der Heiligen suchen, damit du Ruhe findest durch ihre Worte.

3. Du sollst keinen Zwiespalt verursachen, versöhnen sollst du Streitende. "Urteile gerecht", [1] schau nicht auf die Person, wenn du Fehltritte zurechtweisest.

4. Zweifle nicht, ob es geschehen soll oder nicht.

5. Sei nicht wie einer, der seine Hände ausstreckt zum Nehmen, zum Geben aber sie zuhält[2].

6. Wenn du etwas in deinen Händen hast, so gib es als Sühne für deine Sünden.

7. Zweifle nicht, ob du geben sollst, und wenn du gibst,

murre nicht; denn du wirst erkennen, wer der herrliche Erstatter deines Lohnes ist.

8. Wende dich nicht ab von dem Bedürftigen, teile vielmehr alles mit deinem Bruder und nenne nichts dein eigen; denn wenn ihr in die unvergänglichen Güter euch teilet, um wie viel mehr in die vergänglichen?

9. Ziehe deine Hand nicht zurück von deinem Sohn oder von deiner Tochter, unterweise sie vielmehr von Jugend auf in der Furcht des Herrn.

10. Gib deinem Knecht oder deiner Magd, die auf denselben Gott hoffen, deine Befehle nicht in Bitterkeit, damit sie nicht einmal ablegen ihre Furcht vor Gott, der über euch beiden herrscht; denn er kommt nicht, um zu (be)rufen nach Ansehen der Person, sondern zu denen, welche der Geist vorbereitet hat.

11. Ihr Knechte aber seid untertan euren Herren als dem Abbild Gottes in Achtung und Furcht.

12. Hasse jegliche Heuchelei und alles, was dem Herrn nicht gefällt.

13. Übertritt nicht "die Gebote des Herrn, bewahre, was du überkommen, tue nichts dazu und nimm nichts weg"[3].

14. In der Versammlung sollst du deine Fehltritte bekennen, und du sollst nicht hintreten zum Gebete mit einem schlechten Gewissen. Dies ist der Weg des Lebens.

---

1. Dtn 1:16-17; Spr 31:9; Joh 7:24.
2. Vgl. 1 Klem 2:1.
3. Dtn 4:2; 12:32.

## 5. KAP. DER WEG DES TODES. KENNZEICHEN DESSELBEN.

Der Weg des Todes aber ist dieser: vor allem ist er schlecht und voll von Fluch: "Mord, Ehebruch, Leidenschaft, Unzucht, Diebstahl, Götzendienst, Zauberei, Giftmischerei, Raub, falsches Zeugnis, Heuchelei, Falschheit, Hinterlist, Stolz, Bosheit, Anmaßung, Habsucht, üble Nachrede, Missgunst, Frechheit, Hoffart, Prahlerei, Vermessenheit"[1].

2. Leute, die das Gute verfolgen, die Wahrheit hassen, die Lüge lieben, den Lohn der Gerechtigkeit nicht kennen, "dem Guten nicht nachstreben"[2] und nicht dem gerechten Urteil, die ein wachsames Auge haben nicht für das Gute, sondern für das Schlechte; Leute, die weit entfernt sind von Sanftmut und Geduld, "die Eitles lieben, nach Lohn trachten"[3], die kein Mitleid haben mit den Armen, sich nicht annehmen um den Bedrückten, die ihren Schöpfer nicht kennen, "ihre Kinder töten"[4], das Gebilde Gottes (im Mutterleibe) umbringen, vom

Bedürftigen sich abkehren, den Elenden unterdrücken, den Reichen beistehen, die Armen gegen das Gesetz richten, in allem sündigen; reißet euch los, Kinder, von allen diesen.

---

1. Vgl. Mt 15:19; Röm 1:29-30; Gal 5:19-21; Kol 3:5-8.
2. Röm 12:9.
3. Ps 4:3; Jes 1:23.
4. Weish 12:6.

## 6. KAP. VOLLKOMMEN IST, WER DAS JOCH DES HERRN TRÄGT; VERHALTEN GEGENÜBER DEM JUDENTUM UND HEIDENTUM.

Gib acht, "dass niemand dich wegführe"[1] von dem Wege dieser Lehre, da er anders als Gott dich unterweist.

2. Denn wenn du das ganze Joch des Herrn tragen kannst, wirst du vollkommen sein; vermagst du das aber nicht, so tue, was du kannst.

3. Was die Speise[gesetze] angeht, erfülle, was du kannst; vom Opferfleisch aber enthalte dich ganz und gar; denn das ist eine Verehrung toter Götter.

---

1. Mt 24:4. Vgl. Eph 5:6.

## 7. KAP. ANWEISUNG ÜBER DIE SPENDUNG DER TAUFE.

Bezüglich der Taufe haltet es so: Wenn ihr all das Vorhergehende gesagt habt, "taufet auf den Namen des Vaters und des Sohnes und des Heiligen Geistes"[1] in fließendem Wasser.

2. Wenn du aber kein fließendes Wasser hast, dann taufe in einem anderen Wasser; wenn du es nicht in kaltem tun kannst, tue es im warmen.

3. Wenn du beides nicht hast, gieße dreimal Wasser auf den Kopf "auf den Namen des Vaters und des Sohnes und des Heiligen Geistes"[2].

4. Vor der Taufe soll fasten der Taufende, der Täufling und wer sonst kann; den Täufling lasse ein oder zwei Tage zuvor fasten.

---

1. Mt 28:19.
2. Mt 28:19.

## 8. KAP. BELEHRUNG ÜBER FASTEN UND GEBET.

"Bei eurem Fasten haltet es aber nicht mit den Heuchlern"[1]; diese fasten nämlich am zweiten und fünften Tage nach dem Sabbat (d. h. am Montag und Donnerstag); ihr aber sollt fasten am vierten Tage und am Rüsttage (d. h. am Mittwoch und Freitag).

2. Auch "sollt ihr nicht beten wie die Heuchler"[2], sondern wie der Herr in seinem Evangelium es befohlen hat, "so betet: Vater unser, der Du bist in dem Himmel, geheiligt werde Dein Name, zukomme uns Dein Reich, Dein Wille geschehe wie im Himmel also auch auf Erden; unser tägliches Brot gib uns heute, und vergib uns unsere Schulden, wie auch wir vergeben unseren Schuldigern, und führe uns nicht in Versuchung, sondern erlöse uns vom Übel"[3]; weil Dein ist die Macht und die Ehre in Ewigkeit.

3. Dreimal im Tag betet so.

1. Ebd. 6,16.
2. Ebd. 6:5.
3. Ebd. 6:9-13; Lk 11:2-4.

## 9. KAP. BELEHRUNG ÜBER DIE FEIER DER EUCHARISTIE.

Bezüglich der Eucharistie haltet es so:

2. Zunächst in Betreff des Kelches: Wir danken Dir, unser Vater, für den heiligen Weinstock Davids, Deines Knechtes, den Du uns zu erkennen gabst durch Jesus, Deinen Knecht; Dir sei die Ehre in Ewigkeit.

3. Und in Betreff des gebrochenen Brotes: Wir danken Dir, unser Vater, für das Leben und die Erkenntnis, die Du uns zu erkennen gabst durch Jesus, Deinen Knecht; Dir sei die Ehre in Ewigkeit.

4. Wie dieses gebrochene Brot auf den Bergen zerstreut war und zusammengebracht eins wurde, so möge Deine Gemeinde von den Enden der Erde zusammengebracht werden in Dein Reich; weil Dein ist die Ehre und die Macht durch Jesus Christus in Ewigkeit.

5. Aber keiner darf essen oder trinken von eurer Eucharis-

tie, außer die auf den Namen des Herrn getauft sind. Denn auch hierüber hat der Herr gesagt: "ihr sollt das Heilige nicht den Hunden geben"[1].

---

1. Mt 7:6

## 10. KAP. DANKGEBET NACH DER FEIER DER EUCHARISTIE.

Wenn ihr aber gesättigt seid, danket also:
2. Wir danken Dir, heiliger Vater, für Deinen heiligen Namen, dessen Wohnung Du in unseren Herzen bereitet hast, und für die Erkenntnis und den Glauben und die Unsterblichkeit, die Du uns zu erkennen gabst durch Jesus Deinen Knecht; Dir sei die Ehre in Ewigkeit.
3. Du allmächtiger Herrscher, "hast alles erschaffen"[1] um Deines Namens willen, hast Speise und Trank gegeben den Menschen zum Genusse, damit sie Dir danken; uns aber hast Du geschenkt eine geistige Speise, einen geistigen Trank und ein ewiges Leben durch Deinen Knecht.
4. Vor allem danken wir Dir, weil Du mächtig bist; Dir sei die Ehre in Ewigkeit.
5. Gedenke, o Herr, Deiner Gemeinde, dass Du sie erlösest von allem Übel und sie vollkommen machest in Deiner Liebe,

"führe sie zusammen von den vier Winden"[2], die Geheiligte, in Dein Reich, das Du ihr bereitet hast; weil Dein ist die Macht und die Ehre in Ewigkeit.

6. Es soll kommen die Gnade und vergehen diese Welt. "Hosanna dem Gotte Davids"[3]. Ist einer heilig, so soll er kommen; ist er's nicht, so soll er sich bekehren, maranatha[4], Amen. Den Propheten gestattet, Dank zu sagen, soviel sie wollen.

---

1. Weish 1:14; Sir 18:1; Offb 4:11; 10:6.
2. Mt 24:31.
3. Ebd. 21:9,15.
4. 1 Kor 16:22. Dieses aramäische Mahnwort heißt: "Unser Herr komm!" und weist hin auf die Ankunft Christi zum Gericht. Vgl. Offb 22:20.

## 11. KAP. PFLICHT DER GASTFREUNDSCHAFT GEGENÜBER LEHRERN UND PROPHETEN.

Wer also zu euch kommt und all das Obige euch lehrt, den nehmet auf.

2. Wenn er aber, selbst ein verkehrter Lehrer, euch eine andere Lehre vorträgt zur Vernichtung (der unsrigen), so höret nicht auf ihn; aber (lehret er) zur Mehrung der Gerechtigkeit und Erkenntnis des Herrn, nehmet ihn auf wie den Herrn.

3. Betreffs der Apostel und Propheten haltet es entsprechend der Vorschrift des Evangeliums also:

4. Jeder Apostel, der zu euch kommt, soll aufgenommen werden wie der Herr;

5. er soll aber nicht länger als einen Tag bleiben; wenn's nötig ist, noch den zweiten; drei Tage aber wenn er bleibt, ist er ein falscher Prophet.

6. Wenn der Apostel weggeht, soll er nur Brot mitnehmen,

bis er wieder einkehrt; wenn er aber Geld verlangt, ist er ein falscher Prophet.

7. Und jeden Propheten, der im Geiste redet, sollt ihr nicht prüfen noch richten; denn "jede Sünde wird vergeben werden, diese Sünde aber wird nicht vergeben werden"[1].

8. Aber nicht jeder, der im Geiste redet, ist ein Prophet, sondern nur wenn er die Lebensweise des Herrn hat; an der Lebensweise erkennt man den falschen Propheten und den (rechten) Propheten.

9. Und kein Prophet, der den Tisch richten lässt im Geiste, isst davon, außer er ist ein falscher Prophet.

10. Und jeder Prophet, der zwar das Rechte lehrt, ist ein falscher Prophet, wenn er das, was er lehrt, nicht tut.

11. Jeder erprobte, wahre Prophet aber, der für das weltliche Geheimnis der Gemeinde tätig ist, aber nicht lehrt zu tun, was er tut, soll bei euch nicht gerichtet werden[2] Denn er hat bei Gott sein Gericht; denn so hielten es auch die alten Propheten.

12. Wenn aber einer spricht im Geiste: Gib mir Geld oder sonst etwas, so höret nicht auf ihn; wenn er aber für andere Bedürftige um Gaben bittet, soll niemand ihn richten.

---

1. Mt 12:31; Mk. 3,28.29.
2. Diese Stelle ist schwer verständlich; es ist wohl eine verkürzte Redeweise für den Gedanken: Wenn einer in geheimnisvolle, weltlicher Weise für die Gemeinde tätig ist. Das sich die Didache auf die alten Propheten gemeint können nur die alttestamentlichen Propheten sein - beruft, so muss man etwa an den Propheten Osee (=Hosea) (c.1) denken, der sich dem Befehle des Herrn gemäß mit der Buhlerin Gomer verbindet, um dem Volke Israel seine Treulosigkeit gegen Gott vor Augen zu führen.

Ähnlich Jeremias c. 13, wo der Prophet einen Gürtel in einer Felsenspalte verbirgt, bis er verdorben ist: so will Gott den gewaltigen Hochmut Israels vermodern lassen; ebenso findet sich bei Ez. c. 5 die sinnbildliche Darstellung des drohenden Strafgerichts über Israel.

## 12. KAP. GASTFREUNDSCHAFT GEGENÜBER DEN FREMDEN GLAUBENSGENOSSEN.

Jeder aber, "der kommt im Namen des Herrn"[1], soll aufgenommen werden; dann aber sollt ihr ihn prüfen und so kennen lernen; ihr sollet nämlich euren Verstand anwenden zur Entscheidung über rechts und links.

2. Wenn der Ankömmling nur durchreist, helfet ihm, so viel ihr könnt; er soll aber bei euch nicht länger bleiben als zwei oder drei Tage, wenn's nötig ist.

3. Wenn er sich aber bei euch niederlassen will als Handwerker, dann soll er arbeiten und essen.

4. Wenn er aber kein Handwerk versteht, dann sorget nach eurer Einsicht dafür, dass nicht ein fauler Christ unter euch lebt.

5. Will er es aber nicht so halten, so ist er einer, der mit seinem Christentum Geschäfte macht; hütet euch vor solchen.

1. Mt 21:9; Ps 117:26.

## 13. KAP. PFLICHTEN GEGENÜBER DEN WAHREN PROPHETEN.

Jeder wahre Prophet, der sich bei euch niederlassen will, "ist seines Brotes wert"[1].

2. Ebenso ist ein wahrer Lehrer genau wie "der Arbeiter seines Brotes wert"[2].

3. Du sollst daher "alle Erstlinge des Ertrags von Kelter und Tenne, von Rindern und Schafen"[3] nehmen und die(se) Erstlinge den Propheten geben; denn dies sind eure Hohenpriester.

4. Wenn ihr aber keinen Propheten habt, gebet es den Armen.

5. Wenn du Brot bäckst, nimm den Anschnitt, gib es gemäß dem Gesetze.

6. Ebenso wenn du einen "Wein- oder Ölkrug"[4] anbrichst, nimm das erste und gib es den Propheten.

7. Vom Geld, von Kleidungsstoffen, von jeglichem Besitz

nimm nach Gutdünken die Erstlinge und gib sie gemäß dem Gesetze.

---

1. Mt 10:10; Lk 10:7; 1 Tim 5:18.
2. Ebd.
3. Ex 22:29; 23:19; 34:26; Num 18:12.
4. Vgl. Num 18:12.

## 14. KAP. FEIER DES SONNTAGS DURCH DIE EUCHARISTIE.

Am Tage des Herrn versammelt euch, brechet das Brot und saget Dank, nachdem ihr zuvor eure Sünden bekannt habet, damit euer Opfer rein sei.

2. Jeder aber, der mit seinem Freunde einen Streit hat, soll sich nicht bei euch einfinden, bis sie versöhnt sind, damit euer Opfer nicht entweiht werde.

3. Denn so lautet der Ausspruch des Herrn: "An jedem Ort und zu jeder Zeit soll man mir darbringen ein reines Opfer, weil ich ein großer König bin, spricht der Herr, und mein Name wunderbar ist bei den Völkern"[1].

---

1. Mal 1:11,14.

## 15. KAP. WAHL DER BISCHÖFE UND DIAKONEN; BRÜDERLICHE ZURECHTWEISUNG.

Wählet euch Bischöfe und Diakonen, würdig des Herrn, Männer voll Milde und frei von Geldgier, voll Wahrheitsliebe, erprobte; denn sie sind es, die für euch versehen den (heiligen) Dienst der Propheten und Lehrer.

2. Achtet sie deshalb nicht gering; denn sie sind eure Geehrten mit den Propheten und Lehrern.

3. Weiset einander zurecht nicht im Zorn, sondern in Frieden, wie ihr's im Evangelium habet; und mit jedem, der sich verfehlt hat gegen seinen Nächsten, soll keiner sprechen, und er soll von euch nichts hören, bis er sich bekehrt hat.

4. Eure Gebete, eure Almosen und alle eure Handlungen sollt ihr so verrichten, wie ihr's habet im Evangelium unseres Herrn.

## 16. KAP. HARRET AUS IM GUTEN BIS ZUM ENDE, WO SICH DIE FALSCHEN PROPHETEN MEHREN.

"Wachet" für euer Leben; "eure Lampen sollen nicht ausgehen und der Gurt um eure Lenden" soll sich nicht lockern, "seid vielmehr bereit, denn ihr wisset nicht die Stunde, in der unser Herr kommt"[1].

2. Ihr sollt fleißig zusammenkommen, indem ihr nach dem strebet, was euren Seelen zukommt; denn es wird euch die ganze Zeit des Glaubens nichts nützen, wenn ihr nicht in der letzten Stunde vollkommen seid.

3. Denn in den letzten Tagen werden sich mehren die falschen Propheten und die Verderber, und die Schafe werden zu Wölfen umgewandelt, und die Liebe wird verwandelt werden in Hass.

4. Wenn nämlich die Gesetzwidrigkeit sich steigert, werden sie einander hassen, verfolgen und ausliefern, dann wird erscheinen der Verführer der Welt, wie der Sohn Gottes

wird er auch "Zeichen und Wunder tun"[2], und die Erde wird in seine Hände überliefert werden, und er wird Greuel verüben, wie sie von Ewigkeit her noch nicht geschehen sind.

5. Dann wird das Geschlecht der Menschen kommen in das Feuer der Prüfung, und "viele werden Ärgernis nehmen"[3] und zugrunde gehen; die aber ausharren in ihrem Glauben, werden von dem (durch die Verführer) Verfluchten selbst "gerettet werden"[4].

6. "Und dann werden die Zeichen der Wahrheit erscheinen; zuerst das Zeichen, dass der Himmel sich auftut, dann das Zeichen des Trompetenschalles"[5] und das dritte: die Auferstehung der Toten,

7. aber nicht aller, sondern, wie gesagt ward: "Kommen wird der Herr und alle Heiligen mit ihm"[6].

8. "Dann wird die Welt den Herrn kommen sehen auf den Wolken des Himmels"[7].

---

1. Mt 24:42,44; 25:13; Lk 12:35.
2. Mt 24:24; 2 Thess 2:9; Offb 13:13.
3. Mt 24:10.
4. Ebd. 10:22; 24:13; Mk 13:13.
5. Mt 24:30-31; 1 Kor 15:52; 1 Thess 4:16.
6. Sach 14:5.
7. Mt 24:30; 26,64.

# BARNABASBRIEF

# EINLEITUNG

Der Barnabasbrief ist vollständig in zwei griechischen Handschriften überliefert, nämlich in dem codex Sinaiticus aus dem vierten Jahrhundert und in dem schon genannten codex Hierosolymitanus aus dem Jahre 1056. Außerdem sind noch acht, alle auf den gleichen Archetypus zurückgehende Handschriften vorhanden, von denen aber der Anfang bis c. 5, 7 fehlt[1]. Dazu kommt eine alte, vor 700 gefertigte, aber mangelhafte lateinische Übersetzung, in der sich nur Kapitel 1-17 finden. Die erste Ausgabe des Briefes durch J. Usher wurde 1642 gedruckt, wurde aber durch Feuer zerstört, bevor sie der Öffentlichkeit übergeben wurde. Im Jahre 1645 erschien dann die zweite Ausgabe durch den Mauriner H. Ménard, beziehungsweise, da er vor der Veröffentlichung starb, durch seinen Ordensgenossen Fr. L. D'Achéry. Daran schließt sich eine Reihe weiterer Ausgaben, Übersetzungen und Untersuchungen[2].

Der Barnabasbrief zerfällt außer dem Einleitungskapitel 1 und dem Schlusskapitel 21 in zwei sehr ungleiche Teile. Der erste Teil, Kapitel 2-17 umfassend, ist lehrhaft (dogmatisch) gehalten, der zweite, Kapitel 18-20, enthält sittliche Vorschriften und Warnungen. Der Verfasser gibt den Zweck seines Schreibens in c. 1, 5 selbst an mit den Worten: „Damit ihr mit eurem Glauben vollkommene Erkenntnis habet" (ἵνα μετὰ τῆς πίστεως ὑμῶν τελείαν ἔχητε τὴν γνῶσιν). Diese Erkenntnis (Gnosis) ist allerdings von ganz eigener Art. Denn der Verfasser will seinen Lesern vor allem die Wertlosigkeit der Offenbarung des Alten Bundes darlegen und nachweisen, dass die wörtliche, jüdische Auffassung der alttestamentlichen Lehren und Vorschriften durchaus verfehlt sei. Diese seien nur geistig, allegorisch zu verstehen. Gott will nicht materielle Gaben, nicht blutige Opfer von Tieren, sondern das Opfer, die Reue des Herzens (c. 2 u. 3); er will nicht die Beschneidung des Körpers, nicht den Verzicht auf den Genuss des Fleisches unreiner Tiere, sondern die Beschneidung der Ohren, damit sie für die Wahrheit sich öffnen, und des Herzens und die Enthaltung von Sünden, welche eben durch die unreinen Tiere versinnbildet werden (c. 9. 10). So ist das Schwein unter den verbotenen Tieren, weil es Menschen gibt, die dem Schweine ähnlich sind, das seinen Herrn vergisst, wenn es sich satt gefressen hat; Habicht, Weih und Rabe sind verboten, weil sie die Menschen versinnbildlichen, die nicht durch Arbeit und Schweiß, sondern durch Raub und Ungerechtigkeit ihren Lebensunterhalt erwerben (c. 10). Ein Beweis für die dreiste (nur in der griechischen Sprache mögliche) Allegorie des Verfassers bietet das 9. Kapitel. Hier ist die Rede davon, dass

Abraham seine 318 Knechte beschneiden ließ. Dadurch sollte nämlich Abraham das Geheimnis der Erlösung durch den Kreuzestod Jesu Christi geoffenbart werden. Die Zahl 18 wird griechisch geschrieben (ιη), 300 = 'Iη (σους) = (τ). (T) ist aber das Kreuzeszeichen; also bedeutet 18+300 = (ιη + τ) die Erlösung durch Jesu Kreuzestod. Der Alte Bund habe überhaupt keine Gültigkeit für die Juden gehabt. „Moses hat ihn zwar empfangen, aber sie waren desselben nicht würdig" (c. 14, 4); vielmehr beziehe er sich im voraus ganz auf das Christentum: „Moses hat ihn zwar als sein Diener empfangen, aber der Herr hat ihn uns (= den Christen) gegeben als seinem Erbvolke, da er unseretwegen gelitten hat" (c. 14, 4 und 4, 8). Das alte Testament in der jüdischen Auffassung sei nicht von Gott gewollt, durch den Betrug eines bösen Engels seien die Juden irregeführt worden (c. 9, 4), ihr Gottesdienst sei fast soviel wie der heidnische Götzendienst (c. 16, 2). So besteht also die vom Barnabasbrief vermittelte Erkenntnis (Gnosis) darin, dass der historische Alte Bund nicht auf göttlicher Anordnung beruhe; er sei nur geistig, allegorisch zu erklären, und so verstanden gehöre er dem Christentum an. Deshalb warnt er die Christen, dass sie nicht wie Proselyten der jüdischen Täuschung anheimfallen (c. 3, 6; 4, 6).

Der zweite Teil des Briefes (c. 18-20) beschreibt den Weg des Lichtes, in vielfacher Übereinstimmung mit (oder in Abhängigkeit von) Didache c.1-5[3], empfiehlt gute Werke, Reinheit des Wandels, aufrichtige Gesinnung, Beherrschung der Zunge, Nächstenliebe, Güte. Der Weg der Finsternis ist krumm und voll Fluches; er zählt eine Reihe von Sünden auf und warnt vor ihnen.

Der Barnabasbrief ist wie als theologisches, so auch als literarisches Erzeugnis nicht hoch einzuschätzen. Es finden sich manche Fehler, Abbiegungen, Sprünge in der Gedankenführung, und auch stilistisch ist der Brief mit seiner plumpen Sprache kein Meisterstück. Aber aus diesen Mängeln darf nicht auf eine Überarbeitung und Interpolationen, sondern nur auf eine mangelhafte Bildung und geringe schriftstellerische Begabung des Autors geschlossen werden; er selbst will sich einfacher Schreibweise befleißen wegen der Fassungskraft seiner Leser (c. 6, 5). Diese erscheinen im Briefe als eine nicht mit Namen genannte und auch sonst nicht näher bestimmte christliche Gemeinde, die der Verfasser aus persönlichem Verkehre kennt (c. 1, 3; vergl. 9, 9); daher kommt wohl auch die fast zärtliche Anrede an die Briefempfänger: Söhne und Töchter, Kinder, Brüder (c. 1, 1; 2, 10; 3, 6; 4, 14; 5, 5; 7, 1; 15, 4; 21, 9). Obwohl der Brief den Charakter einer lehrhaften Abhandlung trägt, liegt doch kein genügender Grund vor, die Adresse nur als eine literarische Einkleidungsform anzusehen und den Brief schlechthin an die Christenheit gerichtet zu betrachten[4]. Der Brief erhebt nirgends den Anspruch, vom Apostel Barnabas verfasst oder auch nur apostolischen Ursprungs zu sein; trotzdem hat ihn die Überlieferung von frühesten Zeiten dem Apostel Barnabas, dem Reisegefährten und Mitarbeiter Pauli[5], zugesprochen. Bei Klemens von Alexandrien[6] werden Worte aus dem Briefe als solche des Apostels Barnabas erwähnt, der codex Sinaiticus, eine Bibelhandschrift aus dem vierten Jahrhundert, bringt den Brief hinter der Offenbarung des Johannes und vor dem Hirten des Hermas; Origines nennt ihn (καθολικὴ ἐπιστολὴ)[7] und zählt ihn nach

Rufins Übersetzung des Werkes de principiis zur scriptura sacra[8]. Eusebius[9] rechnet ihn zu den umstrittenen Schriften, Hieronymus[10] zu den Apokryphen. Es haben sich auch mehrere Verteidiger der Echtheit des Barnabasbriefes gefunden (Alsog, Nirschl, auch Jungmann). Auf das Zeugnis des Altertums, das ähnlicherweise einmütig die romanhaften „Klementinen" dem Klemens von Rom zuschreibt, dürfte nicht zuviel Wert gelegt werden; denn es ist nicht anzunehmen, dass der Apostel Barnabas zur Zeit, da der Brief entstanden ist - einige Zeit nach 70[11] - noch am Leben gewesen ist. Sodann enthält der Brief, wie wir oben gesehen haben, eine derart schroffe, prinzipielle Ablehnung des Alten Bundes, wie sie selbst einem Gefährten des Heidenapostels Paulus nicht zuzutrauen ist. Denn zwischen Pauli Lehre über das Alte Testament und den Anschauungen des Barnabasbriefes klafft eine breite Kluft. Paulus erkennt auch im Alten Bund ein gottgewolltes Institut, der Barnabasbrief redet von teuflischem Trugwerk (c. 9, 4). Solche Anschauungen passen nicht in die Kreise der Apostel Jesu Christi, nicht in den Gedankengang seiner Lehre über das Alte Testament. So bleibt uns also der Verfasser des Briefes unbekannt; seine Vertrautheit mit dem jüdischen Zeremoniell lässt vermuten, dass er aus jüdischen Kreisen zum Christentum gekommen ist.

Wann ist der Brief geschrieben worden? Einen sicheren Termin post quem bietet die Angabe über die Zerstörung des Tempels von Jerusalem im Jahre 70: „Denn da sie Krieg führten, wurde (der Tempel) von den Feinden zerstört; jetzt aber wollen gerade die Diener der Feinde ihn wieder aufbauen" (c. 16, 4). Der mit „jetzt" eingeleitete Satz lässt schließen, dass seit der Zerstörung des Tempels schon einige Zeit verflossen ist. Für die Gewinnung des Termins ante quem werden die Angaben des 4. und 16. Kapitels herangezogen, aber verschieden gewertet. Harnack beruft sich auf die eben erwähnte Stelle des 16. Kapitels von dem bevorstehenden Wiederaufbau des Tempels und sieht darin einen Hinweis auf den Bau des Jupitertempels in Jerusalem unter Kaiser Hadrian (117-138); dies führt ins Jahr 130 oder 131[12]. Funk[13] spricht dieser Stelle die Beweiskraft ab; es fehle die Begründung für die Beziehung der Stelle auf Hadrian, da die Worte sich genügend erklären aus der Hoffnung der Juden auf Wiederherstellung des Tempels, zudem sei die Stelle eher vom geistlichen Tempelbau zu verstehen (siehe vor allem c. 16, 6 ff.). Funk stützt seine Datierung auf die in Kapitel 4, 4 angeführte Danielstelle 7, 24: „Zehn Königreiche werden auf Erden die Herrschaft führen; dann wird nach ihnen ein kleiner König aufstehen, der drei von den Königen auf einmal demütigen wird." In dem kleinen elften König sieht Funk den römischen Kaiser Nerva (96-98), der auf die Ermordung Domitians hin den Thron bestieg; in Domitian seien die drei Flavier, als Einheit gefasst, gestürzt. Gewiss hat diese Erklärung ihre Schwierigkeiten (so ist Nerva nicht der elfte, sondern der zwölfte Kaiser, aber von den drei Kaisern des Jahres 69 konnte leicht einer übersehen werden), aber jedenfalls hält uns der zehnte oder elfte Kaiser im ersten Jahrhundert fest.

Die im Barnabasbrief bis ins Übermaß gehäufte allegorische Schrifterklärung weist darauf hin, in Alexandrien die Heimat des Verfassers zu suchen; denn dort war diese Art der Schriftauslegung zu Hause.

1. O. Bardenhewer, Gesch. d. altkirchl. Literatur I (2. Aufl.) 113.
2. S. O. Bardenhewer, ebd. 112-116.
3. S. oben S. 3f.
4. G. Krüger, Gesch. d. altchristl. Literatur 1895, 14.
5. Apg 14:4; 1Kor 9:5.
6. Strom. II 6, 31; 7, 35; 20, 116.
7. Contra Cels. I 63.
8. III 2, 4. 7.
9. Hist. eccl. III 25, 4; VI 13, 6.
10. De vir. ill. 6.
11. c. 16, 4, s. u. S. 75.
12. Die Erlaubnis zum Bau eines jüdischen Tempels hat Hadrian nicht gegeben (Schürer, Gesch. des jüdischen Volkes im Zeitalter Jesu Christi, I (3. - 4. Aufl.) (1901) S. 671 ff.).
13. Wetzer u. Weltes Kirchenlexikon I (2. Aufl.) 2029 u. Kirchengesch. Abhandlungen u. Untersuch. II 1899 S. 77-108.

## 1. KAP. GRUSS UND FREUDE ÜBER DIE BERUFUNG.

Seid gegrüßt, Söhne und Töchter, im Namen des Herrn, der uns geliebt hat, in Frieden!

2. Da groß und reich sind die Anordnungen Gottes an euch, erfreuen mich gar sehr, ja über die Massen eure glücklichen und lobenswerten Erweisungen des Geistes; so sehr habt ihr empfangen die eingepflanzte Gnade des Geistesgeschenkes.

3. Deshalb beglückwünsche ich mich selbst in der Hoffnung, gerettet zu werden, weil ich wahrhaft unter euch ausgegossen sehe den Geist vom Herrn, aus der reichen Quelle an euch (gespendet); so sehr hat mich bei euch ergriffen euer mir so ersehntes Wiedersehen.

4. In dieser Überzeugung und im Bewusstsein, vieles zu verstehen, wenn ich unter euch rede, weil der Herr auf dem Wege der Gerechtigkeit mein Begleiter war, sehe ich mich erst recht gezwungen, auch meinerseits euch mehr als meine Seele

zu lieben, daraufhin, weil großer Glaube und Liebe in euch wohnt wegen der "Hoffnung seines Lebens"[1].

5. Indem ich nun dies bedachte, dass, wenn ich es mir euch zulieb angelegen sein lasse, ein Stück von dem, was ich empfangen, euch mitzuteilen, dass ich solchen Geistern mir selbst zum Lohne förderlich bin, habe ich mich angestrengt, einiges Wenige an euch zu senden, damit ihr (in Verbindung) mit eurem Glauben vollkommene Erkenntnis habet.

6. Dreifach nun sind die Anordnungen des Herrn: "Hoffnung des Lebens"[2] ist Anfang und Ende unseres Glaubens, und Gerechtigkeit ist Anfang und Ende des Gerichtes, frohe und über die Werke erfreute Liebe ist das Zeugnis der Gerechtigkeit

7. Denn kundgetan hat uns der Herr durch die Propheten das Vergangene und das Gegenwärtige, auch von der Zukunft gab er uns den Anfang zu kosten. Sehen wir nun davon Punkt für Punkt sich verwirklichen gemäß seinem Worte, so muss unsere Furcht vor ihm immer reicher und tiefer werden.

8. Ich werde euch aber nicht wie ein Lehrer, sondern wie einer aus euch, auf einiges Wenige hinweisen, wodurch ihr in den gegenwärtigen Verhältnissen erfreut werden sollet.

---

1. Tit 1:2; 3:7.
2. Ebd.

## 2. KAP. DIE JÜDISCHEN OPFER SIND WERTLOS.

Da nun die Tage schlecht sind und da der Waltende selbst die Macht noch besitzt, müssen wir uns selbst beobachtend die Anordnungen des Herrn genau erforschen.

2. Unseres Glaubens Helfer nun sind Furcht und Geduld, unsere Kampfgenossen Langmut und Enthaltsamkeit.

3. Halten diese unversehrt stand bei der Sache des Herrn, so freuen sich mit ihnen Weisheit, Einsicht, Wissen, Erkenntnis

4. Denn er hat uns geoffenbart durch alle Propheten, dass er weder Schlachtopfer noch Brandopfer noch Gaben brauche, indem er einmal sagte:

5. "Was soll mir die Menge eurer Schlachtopfer? spricht der Herr; satt bin ich der Brandopfer, und Fett von Lämmern und Blut von Stieren und Böcken mag ich nicht, auch wenn ihr kommt, um von mir gesehen zu werden. Wer hat denn dies

verlangt aus euren Händen? In meinem Vorhof gehet nicht länger einher. Wenn ihr Speiseopfer bringet, ist es umsonst. Rauchopfer ist mir ein Gräuel, eure Neumonde und Sabbate ertrage ich nicht"[1].

6. Das also hat er abgeschafft, damit das neue Gesetz unseres Herrn Jesus Christus, das kein Zwangsjoch[2] ist, nicht ein Opfer habe, das Menschenwerk ist.

7. Er sagt aber wiederum zu ihnen: "Habe vielleicht ich euren Vätern, als sie aus dem Lande Ägypten zogen, befohlen, mir Brandopfer und Schlachtopfer darzubringen?"[3]

8. Nein; vielmehr dieses habe ich ihnen befohlen: "Keiner von euch trage gegen seinen Nächsten Böses in seinem Herzen nach, und falschen Eid liebet nicht"[4].

9. So müssen wir also, falls wir nicht Toren sind, die Absicht der Güte unseres Vaters begreifen; da er uns nicht auf Irrwegen wie jene (= die Juden) suchen will, sagt er ja, wie wir ihm nahen sollen. 10. Er spricht also folgendermaßen zu uns: "Opfer für Gott ist ein zerknirschtes Herz, Wohlgeruch für den Herrn ist ein Herz, das den lobpreist, der es gebildet"[5]. Sorgfältig müssen wir also, Brüder, bedacht sein auf unser Heil, damit nicht der Böse einen Schlupfwinkel für den Irrtum in uns bereite und uns so wegschleudere von unserem Leben.

---

1. Jes 1:11-13.
2. Vergl. Gal 5:1; 6:2.
3. Jer 7:22, 23.
4. Sach 8:17.
5. Ps 50:19.

## 3. KAP. DAS JÜDISCHE FASTEN IST NICHT VOLLWERTIG.

Er sagt aber ein anderes Mal hierüber zu ihnen: "Wozu fastet ihr mir, spricht der Herr, so dass heute im Geschrei eure Stimme vernommen wird? Nicht dieses Fasten habe ich mir erkoren, spricht der Herr, nicht einen Menschen, der seine Seele schwächt.

2. Auch nicht, wenn ihr euren Nacken krümmtet wie einen Kreis, wenn ihr einen Sack anziehen und auf Asche euch betten würdet, auch dann sollt ihr es nicht ein wohlgefälliges Fasten nennen"[1].

3. Zu uns aber sagt er: "Siehe, das ist das Fasten, das ich mir erkoren habe, spricht der Herr. Löse jede Fessel der Ungerechtigkeit, löse auf die Schlingen erzwungener Verträge, entlasse Verwundete in Freiheit und zerreiße jede ungerechte Verschreibung. Brich Hungrigen dein Brot, und wenn du einen nackt siehst, den bekleide. Obdachlose führe in dein Haus, und

wenn du einen Niedrigen siehst, so sollst du ihn nicht verachten, auch keinen von den Hausgenossen aus deinem Samen.

4. Dann wird mit dem Morgenstrahl hervorbrechen dein Licht, und deine Gewänder werden schnell aufleuchten, und vor dir herziehen wird die Gerechtigkeit, und Gottes Herrlichkeit wird dich umgeben.

5. Dann wirst du rufen, und Gott wird auf dich hören; wenn du noch redest, wird er schon sprechen: Siehe hier bin ich; wenn du ablegst von dir die Fesseln, das Handerheben, die mürrischen Reden und wenn du dein Brot von Herzen dem Hungernden gibst und einer niedergebeugten Seele dich erbarmst"[2].

6. So hat also, Brüder, der Langmütige in der Voraussicht, dass in Herzenseinfalt glauben werde das Volk, das er in seinem Geliebten (= Christus) bereitet hat, uns im voraus über alles unterrichtet, damit wir nicht wie Proselyten zerschellen an ihrem Gesetze.

---

1. Jes 58:4, 5.
2. Jes 58:6-10.

## 4. KAP. DER ANTICHRIST IST NAHE.

Daher müssen wir über die gegenwärtigen Verhältnisse fleißig nachforschen und so herausfinden, was uns retten kann. Fliehen wir also vollständig vor allen Werken der Gesetzlosigkeit, damit uns nicht die Werke der Gesetzlosigkeit in Besitz nehmen; und hassen wollen wir den Irrtum der gegenwärtigen Zeit, damit wir Liebe finden in der zukünftigen.

2. Geben wir unserer Seele keine Freiheit, so dass sie die Möglichkeit bekommt, mit Sündern und Frevlern zu laufen, damit wir ihnen nicht ähnlich werden.

3. Das vollkommene Ärgernis ist nahe gerückt[1], von dem in der Schrift steht, wie Henoch sagt. Dazu nämlich hat der Herr die Zeiten und die Tage abgekürzt, damit sein Geliebter sich beeile und zu seinem Erbe gelange.

4. Es sagt aber auch der Prophet so: "Zehn Königsherrschaften werden herrschen auf Erden, und danach wird ein

kleiner König aufstehen, der drei von den Königen auf einmal erniedrigen wird"[2].

5. Ähnlich sagt über denselben Punkt Daniel: "Und ich sah das vierte Tier, böse und stark und wilder als alle Tiere des Meeres, und wie aus ihm herauswuchsen zehn Hörner und wie aus ihnen ein kleines Nebenhorn wuchs und wie es auf einmal drei der großen Hörner erniedrigte"[3].

6. Ihr müsst es aber verstehen. Aber auch darum bitte ich noch als einer aus euch, der ich jeden einzelnen und alle mehr liebe als meine Seele, dass ihr jetzt acht habet auf euch und nicht gewissen Leuten ähnlich werdet, indem ihr Sünden auf Sünden häufet und dann saget, ihr Bund sei auch der unsrige.

7. Der unsrige, ja, aber jene (die Juden) haben ihn auf folgende Weise für immer verloren, obwohl Moses ihn schon empfangen hatte. Es sagt nämlich die Schrift: "Und Moses war auf dem Berge, vierzig Tage und vierzig Nächte fastend, und er empfing den Bund vom Herrn, steinerne Tafeln, beschrieben durch den Finger des Herrn"[4].

8. Aber da sie sich den Götzen zuwandten, verloren sie ihn. Denn so spricht der Herr: "Moses, Moses, steige eilends hinab, denn es hat das Gesetz übertreten dein Volk, das du aus dem Lande Ägypten herausgeführt hast"[5]. Und Moses erkannte es und warf die beiden Tafeln aus den Händen, und ihr Bund wurde zertrümmert, damit der Bund des geliebten Jesus fest in unserem Herzen versiegelt würde durch die Hoffnung des Glaubens an ihn.

9. Da ich vieles schreiben wollte nicht als Lehrer, sondern wie es einem Liebenden geziemt, gab ich mir Mühe, als der Niedrigste unter euch zu schreiben, um nichts auszulassen von

dem, was wir haben. Haben wir also acht in den letzten Tagen! Denn die ganze Zeit unseres Lebens und Glaubens wird uns nichts nützen, wenn wir nicht jetzt in der zuchtlosen Zeit und in den bevorstehenden Ärgernissen Widerstand leisten, wie es Kindern Gottes geziemt.

10. Damit also der Schwarze sich nicht einschleichen könne, wollen wir vor jeglicher Eitelkeit fliehen, wollen wir ganz und gar hassen die Werke des bösen Wandels. Ziehet euch nicht auf euch selbst zurück und bleibet nicht allein, als ob ihr schon gerechtfertigt wäret, sondern kommet an einem Ort zusammen und strebet vereint dem nach, was der Gesamtheit nützlich ist.

11. Denn die Schrift sagt: "Wehe denen, die sich selbst weise und die in ihren eigenen Augen verständig sind"[6]. Werden wir doch Geistesmenschen, werden wir ein vollkommener Tempel für Gott! Streben wir, soviel es an uns liegt, nach der Furcht Gottes[7] und ringen wir um die Erfüllung seiner Gebote, damit wir froh werden in seinen Satzungen.

12. Der Herr wird die Welt richten ohne Ansehen der Person[8]. Ein jeder wird empfangen nach seinen Werken. Wenn er gut ist, wird seine Gerechtigkeit ihm vorangehen; wenn er böse ist, wird der Lohn seiner Schlechtigkeit vor ihm her sein.

13. (Hüten wir uns), dass wir nicht ausruhend wie Berufene einschlafen über unseren Sünden und der böse Fürst Gewalt über uns bekomme und uns hinausstoße aus dem Reiche des Herrn.

14. Auch das bedenket noch, meine Brüder! Wenn ihr sehet, dass nach so vielen Zeichen und Wundern, die in Israel geschehen sind, sie auch so noch verlassen worden sind, dann

wollen wir sorgen, dass nicht wir erfunden werden gemäß dem Worte der Schrift: "Viele sind berufen, aber wenige auserwählt"[9].

---

1. Hen 89:61-64; 90:17.
2. Dan 7:24.
3. Ebd. 7:7, 8.
4. Ex 31:18; 34:28.
5. Ebd. 32:7; Dtn 9:12.
6. Jes 5:21.
7. Ebd. 33:18.
8. 1 Petr 1:17; vgl. Röm 5:11; Gal 2:6.
9. Mt 20:16; 22:14.

## 5. KAP. DER NEUE BUND IST UNSER HEIL, DER JUDEN VERWERFUNG.

Denn dazu hat es der Herr auf sich genommen, hinzugeben sein Fleisch zum Verderben, damit wir durch die Nachlassung der Sünden geheilet werden in der Aussprengung seines Blutes.

2. Es steht nämlich geschrieben über ihn teils mit Bezug auf Israel teils mit Bezug auf uns; er sagt aber also: "Er wurde verwundet wegen unserer Ungerechtigkeit, und er ist misshandelt worden wegen unserer Sünden; durch seine Striemen wurden wir geheilt. Wie ein Schaf wurde er zur Schlachtbank geführt und wie ein Lamm stumm bleibt angesichts seines Scherers"[1].

3. Daher schulden wir übergroßen Dank dem Herrn, weil er das Vergangene uns geoffenbart und in der Gegenwart uns belehrt hat, und für die Zukunft sind wir nicht ohne Verständnis.

4. Es sagt aber die Schrift: "Nicht mit Unrecht werden

Netze ausgespannt für die Vögel"[2], das besagt, dass mit Recht ein Mensch zugrunde gehen wird, der sich wegbegibt auf den Weg der Finsternis, obwohl er den Weg der Gerechtigkeit kennt.

5. Auch das noch (muss ich sagen), meine Brüder: wenn der Herr es auf sich nahm, für unsere Seele zu leiden, obwohl er der Herr der ganzen Welt ist, zu dem Gott bei der Grundlegung der Welt sprach: "Lasset uns den Menschen schaffen nach unserem Bild und Gleichnis"[3], wie nun hat er es auf sich genommen, von Menschenhand zu leiden? Verstehet!

6. Die Propheten, welche von ihm die Gnade hatten, weissagten auf ihn hin; weil er aber im Fleische sich offenbaren musste, damit er den Tod entkräfte und die Auferstehung von den Toten zeige, nahm er (das Leiden) auf sich,

7. damit er den Vätern die Verheißung einlöse und sich selbst das neue Volk bereite und auf Erden wandelnd nachweise, dass er die Auferstehung bewirken und dann richten werde.

8. Überdies lehrte er Israel, und indem er solche Zeichen und Wunder tat, trat er als (Gottes) Herold auf, und gar sehr liebte er es (das Volk Israel).

9. Als er aber seine eigenen Apostel, die sein Evangelium verkünden sollten, Leute, die über alles Sündenmaß ungerecht waren, auserwählt hatte, um zu zeigen, dass er nicht gekommen ist, die Gerechten, sondern die Sünder zu berufen[4], da offenbarte es sich, dass er der Sohn Gottes ist.

10. Wenn er nämlich nicht im Fleische erschienen wäre, wie wären die Menschen am Leben geblieben bei seinem Anblick, die es nicht aushalten können, in die Sonne zu sehen,

seiner Hände Werk, das jetzt noch besteht, einmal aber nicht mehr sein wird, und in ihre Strahlen ihr Auge zu richten?

11. Also ist der Sohn Gottes dazu im Fleische erschienen, damit er das Sündenmaß vollmache für diejenigen, die bis zum Tode seine Propheten verfolgt haben.

12. Zu diesem Zwecke also nahm er es (das Leiden) auf sich. Denn Gott sagt, dass die Verwundung seines Fleisches von ihnen komme: "Wenn sie ihren Hirten geschlagen haben, werden die Schafe der Herde zugrunde gehen"[5].

13. Er selbst aber wollte auf diese Weise leiden; es war nämlich nötig, dass er am (Kreuzes-) Holze leide, denn es sagt der Prophet über ihn: "Verschone meine Seele vom Schwerte"[6], und: "Mit Nägeln durchbohre mein Fleisch, weil die Versammlungen der Frevler aufgestanden sind wider mich"[7].

14. Und wiederum sagt er: "Siehe, hingehalten habe ich meinen Rücken für Geißeln und meine Wangen für Schläge; mein Angesicht hielt ich hin wie einen harten Fels"[8].

---

1. Jes 53:5-7.
2. Spr 1:17.
3. Gen 1:26.
4. Mt 9:13.
5. Sach 13:6, 7; Mt 26:31.
6. Ps 21:21.
7. Ebd. 118:120; 21, 17.
8. Jes 50:6, 7.

## 6. KAP. DIE WEISSAGUNGEN DER PROPHETEN ÜBER DEN NEUEN BUND.

Über die Zeit aber, nachdem er seinen Auftrag vollbracht hat, was sagt er hierüber? "Wer ist, der mit mir rechtet? Er soll mir entgegentreten! Oder wer will Klage erheben wider mich? Er soll sich nahen dem Knechte des Herrn!

2. Wehe euch, da ihr alle altern werdet wie ein Gewand, und die Motte zernagt euch"[1].

3. Und wieder sagt der Prophet, da er wie ein starker Stein gesetzt wurde als Eckstein: "Siehe, ich will in die Grundmauern Sions einen kostbaren Stein legen, einen auserlesenen, einen Eckstein, einen wertvollen"[2]. Und was sagt er dann: "Und wer an ihn glaubt, wird leben in Ewigkeit"[3]. Auf einen Stein also ist unsere Hoffnung gebaut? Das sei ferne; vielmehr (heißt es so), weil der Herr sein Fleisch stark gemacht hat. Denn er sagt: "Und er stellte mich hin wie einen harten Fels"[4].

4. Es sagt aber wiederum der Prophet. "Der Stein, den die Bauleute verworfen haben, der ist zum Eckstein geworden"[5]. Und wiederum sagt er: "Das ist der große und wunderbare Tag, den der Herr gemacht hat"[6].

5. Ich schreibe euch recht einfach, damit ihr es versteht; ich, der unwürdigste Diener meiner Liebe zu euch.

6. Was sagt nun weiterhin der Prophet? "Es hat mich umstellt eine Rotte von Frevlern, sie haben mich rings umschwärmt wie die Bienen eine Wabe"[7], und: "Über mein Gewand haben sie das Los geworfen"[8].

7. Da er also im Fleische sich offenbaren und leiden sollte, wurde sein Leiden vorherverkündet. Es sagt nämlich der Prophet zu Israel: "Wehe ihrer Seele, da sie einen schlechten Ratschluss gefasst haben wider sich selbst, indem sie sprachen: Fesseln wollen wir den Gerechten, da er uns im Wege ist"[9].

8. Was sagt ihnen Moses, der andere Prophet? "Siehe, also spricht der Herr Gott: Ziehet ein in das gute Land, welches der Herr zugeschworen hat Abraham, Isaak und Jakob; und teilet es unter euch, das Land, das von Milch und Honig fließt"[10].

9. Was aber sagt die Erkenntnis? Vernehmet! Hoffet, spricht sie, auf Jesus, der sich euch im Fleische offenbaren wird! Der Mensch ist nämlich leidende Erde; denn von [dem Angesicht] der Erde wurde Adam gebildet.

10. Was besagt nur der Ausdruck "in das gute Land, das von Milch und Honig fließt"? Gepriesen sei unser Herr, Brüder, der uns Weisheit und Verständnis für seine Geheimnisse gegeben hat. Der Prophet meint nämlich im Gleichnis

den Herrn; wer wird es verstehen, außer wer weise ist, voll Verständnis und voll Liebe zu seinem Herrn?

11. Als er nun uns erneuerte in der Vergebung unserer Sünden, da machte er uns zu einer anderen Art, so dass wir die Seele von Kindern haben, wie wenn er uns ein zweites Mal geschaffen hätte.

12. Es sagt nämlich die Schrift über uns, dass er (Gott Vater) zu seinem Sohne spricht: "Lasset uns nach unserem Bilde und Gleichnisse den Menschen machen, und herrschen sollen sie über die Tiere der Erde und über die Vögel des Himmels und über die Fische des Meeres"[11]. Und der Herr sprach, als er sah, dass er uns schön gebildet habe: "Wachset und mehret euch und erfüllet die Erde"[12]. Dies sagte er zu seinem Sohne.

13. Hinwiederum will ich dir zeigen, wie er zu uns redet; eine zweite Schöpfung hat er in letzter Zeit gewirkt. Der Herr spricht: "Siehe, ich mache das letzte wie das erste"[13]. Auf dies hin hat der Prophet geweissagt: "Ziehet ein in das Land, das von Milch und Honig fließt, und beherrschet es"[14].

14. Sieh nun, wir sind neu geschaffen worden, wie er wiederum bei einem anderen Propheten sagt: "Siehe, spricht der Herr, herausnehmen will ich von diesen", das heißt von denen es der Geist des Herrn vorhergesehen hat, "die steinernen Herzen, und ich werde ihnen fleischerne hineinlegen"[15], weil er selbst im Fleische sich offenbaren und in uns wohnen wollte.

15. Ein heiliger Tempel nämlich, meine Brüder, ist für den Herrn die Wohnung unseres Herzens.

16. Denn wiederum spricht der Herr: "In wem werde ich

erscheinen vor dem Herrn, meinem Gott, und verherrlicht werden?"[16] Er sagt: "Offen werde ich Dir Zeugnis geben in der Versammlung meiner Brüder, und lobsingen werde ich Dir mitten in der Versammlung der Heiligen"[17]. Wir also sind es, die er geführt hat in das gute Land.

17. Was bedeutet nun "Milch und Honig"? weil das kleine Kind zuerst mit Honig, dann mit Milch am Leben erhalten wird; indem auch wir so durch den Glauben an die Verheißung und durch sein Wort genährt werden, werden wir als Herren des Landes weiterleben.

18. Oben hat er vorausgesagt: "Und sie sollen wachsen und sich mehren und herrschen über die Fische." Wer nun kann schon jetzt herrschen über die Tiere oder die Fische oder die Vögel des Himmels? Wir müssen nämlich merken, dass diese Herrschaft Sache einer Gewalt ist, damit einer durch seine Befehle sich als Herrn erweise.

19. Wenn dies nicht jetzt schon der Fall ist, so hat er uns doch gesagt, wann; dann, wenn auch wir selbst vollkommen genug sind, um Erben des Bundes des Herrn zu werden.

---

1. Ebd. 50:8, 9.
2. Ebd. 28:16; vgl. Röm 9:33; 1 Petr 2:6.
3. Jes 28:16.
4. Ebd. 50:7.
5. Ps 117:22.
6. Ebd. 117:24.
7. Ps 21:17; 117:12.
8. Ebd. 21:19.
9. Jes 3:9, 10.
10. Ex 33:1, 3; Lev 20:24.

11. Gen 1:26.
12. Ebd. 1:28.
13. Mt 19:30; 20, 16.
14. Ex 33:3.
15. Ez 11:19; 36:26.
16. Ps 41:3.
17. Ebd. 21:23.

## 7. KAP. VORBILDER IM ALTEN BUNDE.

Ihr merket also, Kinder der Freude, dass uns der gute Herr alles vorher geoffenbart hat, damit wir erkennen, wem wir in allem Dank und Lob schulden.

2. Wenn nun der Sohn Gottes, obwohl er der Herr ist und einmal richten wird Lebendige und Tote[1], gelitten hat, damit seine Wunde uns Leben schenke, so sollen wir überzeugt sein, dass der Sohn Gottes nur unseretwegen leiden konnte.

3. Aber sogar noch am Kreuze wurde er getränkt mit Essig und Galle[2]. Höret, wie darüber die Priester des Tempels geweissagt haben. Es steht geschrieben das Gebot: "Wer das Fasten nicht hält, der soll durch Tod ausgerottet werden"[3]; so befahl der Herr, weil auch er selbst für unsere Sünden das Gefäß des Geistes (= seinen Leib) als Opfer darbringen sollte, damit auch das Vorbild in Erfüllung gehe, das geworden ist in Isaak, der auf den Opferaltar gelegt wurde.

4. Wie nun sagt er bei dem Propheten? "Und essen sollen

sie von dem Bock, der am Fasttage dargebracht wird für alle Sünden"[4]. Merket genau auf: "Und essen sollen allein alle Priester das Eingeweide ungewaschen mit Essig"[5].

5. Wozu? Weil ihr mir, da ich für die Sünden meines neuen Volkes mein Fleisch opfern werde, "Galle mit Essig zum Trinken geben werdet"[6], esset ihr allein, während das Volk fastet und in Sack und Asche vor Trauer sich an die Brust schlägt, damit es zeige, dass er durch sie leiden müsse.

6. Höret seinen Befehl: "Nehmet zwei schöne, einander ähnliche Böcke und bringet sie dar, und der Priester soll den einen nehmen zum Brandopfer für die Sünden"[7].

7. Was aber sollen sie mit dem anderen machen? "Verflucht sei", spricht er, "der andere"[8]. Merket auf, wie sich das Vorbild Jesu offenbart.

8. "Und ihr alle sollet ihn anspucken und schlagen und um seinen Kopf die rote Wolle legen, und so soll er in die Wüste hinausgestoßen werden"[9]. Und wenn es so geschehen ist, dann bringt der Träger den Bock in die Wüste und nimmt die Wolle weg und legt sie auf einen sogenannten Brombeerstrauch, dessen Früchte wir zu essen pflegen, wenn wir sie auf dem Felde finden; nur dieser Dornstrauch trägt süße Früchte.

9. Was nun bedeutet dies? Merket auf: "Den einen auf den Altar, den anderen als Verfluchten"[10], und wozu den Verfluchten mit einem Kranze? Da sie ihn (= Christus) an jenem Tage sehen werden mit dem roten Talar auf dem Leibe und da sie sagen werden: ist das nicht der, den wir einst verachtet, geschlagen, angespieen und dann gekreuzigt haben? Wahrhaftig, der war es, der damals sagte, er sei der Sohn Gottes.

10. Wie ist er denn jenem ähnlich? Dazu hat er "ähnliche, schöne, gleichgewachsene Böcke" verlangt, dass sie, wenn sie ihn (= Christus) einmal kommen sehen, erschrecken über die Ähnlichkeit, wie sie bei dem Bocke (vorgebildet) ist. Siehe also das Vorbild des kommenden leidenden Jesus.

11. Was aber bedeutet es, dass sie die Wolle mitten in die Dornen legen? Es ist als ein Vorbild Jesu, für die Gemeinde niedergelegt, dass nämlich, wer die scharlachrote Wolle holen will, viel leiden muss, weil der Dornbusch Schrecken einflößt, und er nur mit Schmerz in deren Besitz kommt. So, sagt er, so müssen die, die mich sehen und meines Reiches teilhaftig werden wollen, in Schmerz und Leiden mich in Besitz nehmen.

---

1. 2Tim. 4:1.
2. Mt 27:34, 48.
3. Lev 23:29.
4. ? Vgl. Num 29:11.
5. ? Num 29:11.
6. Mt 27:34, 48.
7. Lev 16:7, 9.
8. Ebd. 16:8, 10.
9. Quelle unbekannt.
10. Lev. 16,8.

## 8. KAP. WEITERE VORBILDER.

Für was für ein Vorbild haltet ihr aber das, dass dem Volke Israel befohlen worden ist: die Männer, die voll von Sünden sind, müssen eine junge Kuh darbringen, schlachten und verbrennen; dann müssen Knaben die Asche sammeln, in Gefäße bringen, die scharlachrote Wolle um ein Holz legen [siehe! wiederum das Vorbild des Kreuzes und die scharlachrote Wolle] und Hyssop, und so müssen die Knaben jeden einzelnen aus dem Volke besprengen, damit sie geheiligt werden von ihren Sünden.

2. Sehet, wie er in Einfachheit zu euch redet! Das Opfertier ist Jesus Christus; die sündigen Männer, die es darbringen, bedeuten die, welche ihn zur Schlachtbank geführt haben. Doch jetzt genug von den Männern, genug des Redens über die Sünder.

3. Die besprengenden Knaben bedeuten die, welche uns die Nachlassung der Sünden und die Heiligung des Herzens

verkündet haben, denen er die Vollmacht gab, das Evangelium zu verkünden, die zwölf waren zum Zeugnis für die Stämme [es waren nämlich zwölf Stämme in Israel].

4. Weshalb sind aber drei Knaben die Besprengenden? Zum Zeugnis für Abraham, Isaak, Jakob; denn diese sind groß vor Gott.

5. Warum aber ist die Wolle an dem Holze? Weil die Herrschaft Jesu auf dem (Kreuzes-) Holze beruht und weil die auf ihn Hoffenden in Ewigkeit leben werden.

6. Weshalb aber Wolle und Hyssop zugleich? Weil in seiner Herrschaft böse und trübe Tage kommen werden, an welchen wir gerettet werden sollen; und weil auch der körperlich Kranke durch den trüben Saft des Hyssop geheilt wird.

7. Und deshalb sind uns diese Dinge klar, jenen aber dunkel, weil sie auf die Stimme des Herrn nicht gehört haben.

## 9. KAP. DIE BESCHNEIDUNG EIN VORBILD FÜR DIE REINIGUNG DES HERZENS.

Er spricht aber wiederum über unsere Ohren, wie er unser Herz beschnitten habe. Es sagt der Herr bei dem Propheten: "Auf das Vernehmen mit dem Ohre hin gehorchten sie mir"[1]. Und wiederum sagt er: "Durchs Hören werden sie in der Ferne es auffassen; was ich getan habe, werden sie erkennen"[2]. Und: "Lasset eure Herzen euch beschneiden, spricht der Herr"[3].

2. Und wiederum sagt er: "Höre Israel, denn also spricht der Herr, dein Gott"[4]. Und noch einmal weissagt der Geist des Herrn: "Wer will leben in Ewigkeit? Der höre genau auf die Stimme meines Knechtes"[5].

3. Und wiederum sagt er: "Höre es Himmel und vernimm es Erde, dass der Herr dieses gesprochen hat zum Zeugnis"[6]. Und wiederum sagt er: "Höret das Wort des Herrn, ihr Fürsten dieses Volkes"[7]. Und wiederum sagt er: "Höret, Kinder, die Stimme des Rufenden in der Wüste"[8]. Also hat er unsere

Ohren beschnitten, damit wir das Wort hören und dann glauben.

4. Aber auch die Beschneidung, auf die sie vertraut haben, ist abgeschafft. Er sagt nämlich, die Beschneidung solle nicht am Fleische geschehen; sie aber handelten dagegen, weil ein böser Engel sie beschwatzte.

5. Er sagt zu ihnen: "Also spricht der Herr, euer Gott [so finde ich das Gebot]: Säet nicht auf Dornen, beschneidet euch für euren Herrn"[9]. Und was will er damit sagen: "Beschneidet eure Hartherzigkeit und versteifet nicht euren Nacken"[10]. Vernimm wiederum: "Siehe, spricht der Herr, alle (Heiden-) Völker sind nicht beschnitten an der Vorhaut, dieses Volk aber ist unbeschnitten am Herzen"[11].

6. Aber du wirst sagen: dieses Volk ist doch beschnitten zur Besiegelung (seines Bundes mit Gott). Aber auch jeder Syrer und Araber und alle Götzenpriester (sind beschnitten). Dann gehören auch diese zu ihrem Bunde. Aber auch die Ägypter haben die Beschneidung.

7. Verstehet also, Kinder der Liebe, in allem reichlich, dass Abraham, welcher im Geiste vorausschauend auf Jesus zuerst die Beschneidung einführte, sie vollzog, nachdem er die Lehre (Bedeutung) von drei Buchstaben erhalten hatte.

8. Er sagt nämlich: "Und Abraham beschnitt aus seinem Hause 18 und 300 Männer"[12]. Welches ist nun die ihm verliehene Erkenntnis? Wisset, dass er zuerst die 18 nennt, dann erst nach einem Zwischenraum die 300. 18 sind gleich ($\iota$) = 10 und ($\eta$) = 8; damit hast du ($\mathrm{Ἰησοῦς}$) (Jesus). Weil aber das Kreuz im Tau (= T) die Gnade sinnbilden sollte, nennt er auch die

300[13]. Er offenbart nun in den zwei Buchstaben Jesus, in dem einen das Kreuz.

9. Das weiß der, welcher das Geschenk seiner Lehre uns eingegossen und in uns gelegt hat. Niemand zwar hat eine echtere Unterweisung von mir empfangen; aber ich weiß, dass ihr dessen würdig seid.

---

1. Ps 17:45.
2. Jes 33:13.
3. Jer 4:4.
4. Ebd. 7:2, 3.
5. Ps 33:13; Ex 15:26.
6. Jes 1:2.
7. Ebd. 1:10.
8. Ebd. 40:3.
9. Jer 4:3, 4.
10. Dtn 10:16
11. Jer 9:25, 26.
12. Gen 17:23, 27.
13. T ist das Zeichen für die Zahl 300. S. oben Einleitung S. 72.

## 10. KAP. DIE SPEISEGEBOTE SIND SYMBOLISCH AUFZUFASSEN.

Wenn aber Moses gesagt hat: "Ihr sollet das Schwein nicht essen, noch Adler, noch Habicht, noch Raben, noch einen Fisch, der keine Schuppen an sich hat"[1], so hat er damit in geistigem Sinne drei Lehren gegeben.

2. Ferner sagt er ihnen im Deuteronomium: "Und ich werde diesem Volke meine Satzungen darlegen"[2]. Es ist also nicht ein (wirkliches) Gebot Gottes, nicht zu essen, Moses hat vielmehr im geistigen Sinn gesprochen.

3. Das Schwein nun nannte er in diesem Sinne: der Mensch soll nicht verkehren mit Leuten. die den Schweinen ähnlich sind; denn wenn sie in Fülle haben, vergessen sie den Herrn, wenn sie aber Mangel haben, anerkennen sie den Herrn, genau wie das Schwein; solange es zu fressen hat, kennt es seinen Herrn nicht; wenn es aber Hunger leidet, dann

raunzt es, und sobald es (Futter) bekommen hat, schweigt es wieder.

4. "Auch sollst du nicht essen", sagt er, "den Adler, den Habicht, den Geier, den Raben"[3]. Er will sagen: Verkehre nicht mit solchen und sei ihnen nicht ähnlich, die nicht wissen, mit Mühe und Schweiß sich das Brot zu verdienen, sondern die in ihrer Gesetzwidrigkeit Fremdes rauben, die zwar scheinbar in Unschuld einhergehen, dabei aber spähen und umschauen, wen sie ausziehen könnten in ihrer Habsucht, genau wie nur diese Vögel sich ihre Nahrung nicht erwerben, sondern müßig sitzend darauf ausgehen, wie sie fremdes Fleisch verzehren können, eine wahre Pest durch ihre Schlechtigkeit.

5. "Auch sollst du nicht essen den Meeraal, den Polypen, den Tintenfisch"[4]; er will sagen, du sollst durch deinen Verkehr nicht ähnlich werden solchen Leuten, die gottlos sind bis zum äußersten und jetzt schon dem Tode geweiht, genau wie diese Fischarten allein dazu verflucht sind, in der Meerestiefe zu schwimmen, und nicht bloß untertauchen wie die übrigen, sondern tief unten auf dem Meeresgrund hausen.

6. Aber auch den Hasen sollst du nicht essen[5]. Weshalb? Er will sagen, du sollst kein Knabenschänder werden noch solchen ähnlich werden, weil der Hase jedes Jahr seinen After vervielfältigt; denn so viele Jahre er lebt, so viele Öffnungen hat er.

7. Aber auch die Hyäne sollst du nicht essen[6]. Er will sagen, du sollst kein Ehebrecher oder Knabenschänder oder etwas Derartiges werden. Weshalb? Weil dieses Tier jedjähr-

lich sein Geschlecht ändert und bald männlich, bald weiblich wird.

8. Aber auch das Wiesel[7] verfolgt sein Hass mit gutem Grunde; er will sagen, du sollst nicht werden wie Leute, von denen man hört, dass sie aus Lasterhaftigkeit mit dem Munde Unzucht treiben, und du sollst nicht mit den verdorbenen Weibern verkehren, die mit ihrem Munde das Böse tun; denn dieses Tier wird durch den Mund schwanger.

9. Nachdem Moses die drei Lehrpunkte empfangen hatte, hat er über die Speisen im geistigen Sinne so gesprochen; sie aber haben es nach der Begierlichkeit ihres Fleisches so verstanden, als rede er wirklich vom Essen.

10. Von denselben drei Lehrpunkten bekam auch David das rechte Verständnis, und er sprach ähnlich: "Glückselig der Mann, der nicht wandelte im Rate der Gottlosen", wie auch die Fische in der Finsternis der Tiefe wandeln, "und nicht betrat den Weg der Sünder", wie die, die scheinbar den Herrn fürchten, aber sich vergehen gleich dem Schweine, "und sich nicht setzte auf den Stuhl der Gottlosen"[8] (wörtlich: der Pest), wie die Vögel, die da sitzen, um zu rauben. Auch über das Speisegesetz seid ihr nun vollkommen unterrichtet.

11. Wiederum sagt Moses: "Essen dürft ihr alle Zweihufer und Wiederkäuer"[9]. Was bedeutet dies? Weil (diese Tiere), wenn sie ihr Futter bekommen, ihren Ernährer kennen, und wenn sie aufhören (zu fressen), sich über ihn zu freuen scheinen. Trefflich hat er also gesprochen mit Rücksicht auf das Gebot. Was sagt er nun? Verkehrt mit den Gottesfürchtigen, mit denen, die nachdenken in ihren Herzen über die Bestimmung des Gesetzes, die sie empfangen haben; mit denen, die

sprechen über die Satzungen des Herrn und sie beobachten, die wissen, dass das Nachsinnen ist ein Werk der Freude und die das Wort des Herrn (sozusagen) wiederkäuen. Was bedeutet aber "Zweihufer"? Dass der Gerechte sowohl auf dieser Welt wandelt als auch die selige Ewigkeit erwartet. Ihr sehet, wie trefflich Moses seine Gesetze gegeben hat.

12. Aber woher sollten jene das erkennen und verstehen? Wir aber haben die Gebote recht verstanden und reden darüber so, wie der Herr es wollte. Deshalb hat der Herr unsere Ohren und Herzen beschnitten, damit wir dieses verstehen.

---

1. Lev 11 [7]; Dtn 14 [8].
2. Dtn 4:1, 5.
3. Lev 11:13-16.
4. Lev 11:10.
5. Ebd. 11:5.
6. Quelle unbekannt.
7. Lev 11:29.
8. Ps 1:1.
9. Lev 11:3; Dtn 14:6.

## 11. KAP. VORBILDER FÜR DAS KREUZ UND DIE TAUFE.

Lasset uns aber untersuchen, ob dem Herrn daran gelegen war, über das Wasser und über das Kreuz im voraus etwas zu offenbaren. Über das Wasser steht an Israel geschrieben, wie sie die Taufe, die Vergebung der Sünden bringt, nicht annehmen werden, sondern wie sie andere Gebräuche für sich einführen werden.

2. Es sagt nämlich der Prophet: "Entsetze dich Himmel und noch mehr schaudere darüber die Erde, dass zwei Verbrechen begangen hat dieses Volk: mich haben sie verlassen, den Quell des Lebens, und gegraben haben sie sich eine Zisterne des Todes"[1].

3. "Ist etwa ein verlassener Fels mein heiliger Berg Sion? ihr werdet sein wie die Jungen eines Vogels, die, des Nestes beraubt, auffliegen"[2].

4. Und wiederum sagt der Prophet: "Ich werde vor dir herziehen. und werde Berge ebnen, eherne Tore sprengen,

eiserne Riegel zerbrechen, und geben werde ich dir geheime, verborgene, unsichtbare Schätze, damit sie erkennen, dass ich bin Gott der Herr"[3].

5. Und: "Wohnen wirst du in hochgelegener Höhle eines festen Felsens, und sein Wasser ist getreu; ihr werdet den König in Herrlichkeit schauen, und eure Seele wird sinnen auf Furcht des Herrn"[4].

6. Und wiederum sagt er bei einem anderen Propheten: "Und wer dieses tut, wird sein wie ein Baum, gepflanzt an fließendes Wasser, der seine Frucht bringt zu seiner Zeit, und seine Blätter werden nicht abfallen, und alles, was er tut, wird gut vorwärts gehen.

7. Nicht so die Gottlosen, nicht so, sondern wie Spreu, die der Wind wegrafft von (dem Antlitz) der Erde. Deshalb werden sich die Gottlosen nicht erheben beim Gerichte noch die Sünder im Rate der Gerechten, weil der Herr den Weg der Gerechten kennt, und der Weg der Gottlosen wird verloren sein"[5].

8. Bemerket, wie er damit das Wasser und das Kreuz zugleich gekennzeichnet hat. Dies nämlich sagt er: Glückselig, die auf das Kreuz hoffend ins Wasser stiegen, weil ich ihren Lohn - er sagt "zu seiner Zeit", er will sagen "dereinst" - bezahlen werde. Für jetzt aber wollen die Worte "seine Blätter werden nicht abfallen" besagen, dass jedes Wort, das euch aus eurem Munde in Glauben und Liebe ausgeht, vielen zur Bekehrung und Hoffnung dienen wird.

9. Und wiederum sagt ein anderer Prophet: "Und das Land Jakobs war gelobt vor allen Ländern"[6], das will sagen, er verherrlicht das Gefäß seines Geistes (= den Leib Christi[7]).

10. Was sagt er sodann? "Und es war ein Fluss zur Rechten sich hinziehend, und aus ihm ragten auf stattliche Bäume, und wer von ihnen isst, wird in Ewigkeit leben"[8].

11. Das sagt er, weil wir hinabsteigen in das Wasser voll von Sünden und Schmutz, und heraufsteigen Früchte bringend, da wir im Herzen haben die Furcht und die Hoffnung auf Jesus im Geiste. "Und wer von diesen isst, wird leben in Ewigkeit" besagt dieses: Wer immer, so meint er, diese Worte hört und glaubt, wird leben in Ewigkeit.

---

1. Jer 2:12, 13.
2. Jes 16:1, 2.
3. Jes 45:2, 3
4. Ebd. 33:16-18.
5. Ps 1:3-6.
6. Soph (Weish) 3:19.
7. S. o. Kap. 6, 9.
8. Ez 47:1, 12.

## 12. KAP. FORTSETZUNG.

Ähnlich spricht er wieder bestimmt vom Kreuze bei einem anderen Propheten, der sagt: "Und wann wird dies vollendet werden? Der Herr spricht: Wenn einmal das Holz sich neigt und wieder aufsteht, und wenn aus dem Holze Blut träufelt"[1]. Da hast du wieder (eine Weissagung) über das Kreuz und den, der gekreuzigt werden soll.

2. Wiederum sagt er dem Moses, als Israel bekriegt wurde von den fremden Völkern und damit er sie erinnere im Kriege, dass sie wegen ihrer Sünden dem Tode überliefert seien; es spricht der Geist in das Herz des Moses, damit er ein Vorbild des Kreuzes und dessen, der leiden sollte, aufstelle, dass sie nämlich ewig unter Krieg zu leiden hätten, wenn sie nicht auf ihn hoffen. Moses legte also Schild auf Schild mitten in der Schlacht, stellte sich darauf, bis er alle anderen überragte, und

breitete so die Arme aus. Und so siegte wiederum Israel; dann, wenn er die Arme sinken ließ, ging es ihnen ans Leben.

3. Wozu? Damit sie erkennen, dass sie nicht gerettet werden können, außer sie hoffen auf ihn.

4. Und wiederum sagt er bei einem anderen Propheten: "Den ganzen Tag streckte ich meine Hände aus gegen ein ungehorsames Volk, das meinem gerechten Wege widerspricht"[2].

5. Und nochmals gab Moses, als Israel dahinstarb, ein Vorbild von Jesus, dass er leiden müsse und dass gerade er lebendig machen werde, von dem sie glauben werden, sie hätten ihn am Zeichen (des Kreuzes) getötet. Der Herr ließ sie nämlich von jener Schlange beißen, und sie starben dahin, (da ja einmal die Sünde durch die Schlange in Eva geschehen ist), damit er ihnen zeige, dass sie wegen ihrer Übertretungen der Todesnot anheimfallen werden.

6. Obwohl überdies Moses das Gebot gegeben hatte: "Ihr sollt kein Bild von eurem Gott, weder ein gegossenes noch ein geschnitztes haben"[3], so machte er doch selbst ein solches, damit er ein Vorbild Jesu zeige. So machte denn Moses eine eherne Schlange, stellte sie recht sichtbar auf und ließ durch Herolde das Volk zusammenrufen.

7. Wie sie nun versammelt waren, baten sie Moses, er solle für ihre Heilung ein Gebet emporschicken. Moses aber sprach zu ihnen: "Wenn einer", sagt er, "gebissen ist, soll er zu der Schlange kommen, die auf dem Holze liegt, und er soll hoffen im Glauben, dass sie ihn am Leben erhalten könne, obschon sie selbst tot ist, und sogleich wird er gerettet werden"[4]. Und

so taten sie. Wiederum findest du auch hierin die Ehre Jesu, dass in ihm alles ist und auf ihn alles geht.

8. Was sagt wiederum Moses zu Jesus, dem Sohne des Nave, da er ihm diesen Namen beilegte, als einem Propheten, nur damit das ganze Volk höre, dass der Vater alles offenbare über Jesus, seinen Sohn?

9. Moses sagte also zu Jesus, dem Sohne des Nave, nachdem er ihn so genannt hatte, als er ihn fortschickte, das Land auszukundschaften: "Nimm ein Buch in deine Hände und schreibe, was der Herr sagt, dass der Sohn Gottes am Ende der Tage mit der Wurzel ausrotten wird das ganze Haus der Amalekiter"[5].

10. Siehe, wieder ist Jesus, nicht als der Sohn eines Menschen, sondern als Gottes Sohn, aber durch ein Vorbild im Fleische geoffenbart. Weil sie aber nun voraussichtlich sagen werden, dass der Christus Davids Sohn sei, weissagt David selbst in dieser Furcht und in der Erkenntnis des Irrtums der Sünder (= der Juden): "Es hat gesprochen der Herr zu meinem Herrn, setze dich zu meiner Rechten, bis ich deine Feinde lege zum Schemel deiner Füße"[6]. Und wiederum sagt Isaias: "Gesprochen hat der Herr zu meinem Herrn, dem Christus, dessen Rechte ich ergriffen habe, dass ihm die Völker gehorchen, und ich werde die Macht von Königen zerbrechen"[7]. Siehe, wie David ihn Herr nennt, aber nicht Sohn.

---

1. 4Esdr 4:35; 5:5.
2. Jes 65:2.
3. Dtn 27:15.
4. Num 21:8, 9.

5. Ex 17:14.
6. Ps 109:1.
7. Jes 45:1

## 13. KAP. DAS CHRISTENTUM IST ERBE DES ALTEN BUNDES.

Wir wollen sehen, ob dieses (unser) Volk Erbe ist oder das erste, und ob der Bund für uns da ist oder für jene.

2. Höret also, was die Schrift über das Volk sagt: "Isaak betete für sein Weib Rebekka, weil sie unfruchtbar war; und sie empfing"[1]. Sodann: "Und Rebekka ging hinaus, um den Herrn zu fragen, und es sprach der Herr zu ihr: Zwei Stämme sind in deinem Leibe und zwei Völker in deinem Mutterschosse, und ein Volk wird das andere überholen, und das ältere wird dem jüngeren dienen"[2].

3. Ihr müsst acht geben, wer der Isaak ist, wer Rebekka, und auf wen er hingewiesen, dass dieses Volk größer sein werde als jenes.

4. Und in einer anderen Weissagung spricht Jakob deutlicher zu seinem Sohn Joseph mit den Worten: "Siehe, der Herr

hat mich deines Angesichtes nicht beraubt, führe her zu mir deine Söhne, damit ich sie segne"³.

5. Und er führte herzu Ephraim und Manasse, in der Absicht, dass Manasse gesegnet werde, weil er der ältere war. Joseph führte ihn nämlich an die rechte Hand seines Vaters Jakob. Jakob aber sah im Geiste ein Vorbild des kommenden Volkes. Und was sagt die Schrift? "Und Jakob kreuzte seine Hände und legte seine Rechte auf das Haupt Ephraims, des zweiten und jüngeren, und segnete ihn. Und Joseph sprach zu Jakob: Lege deine Rechte auf Manasses Haupt, weil es mein erstgeborener Sohn ist. Und Jakob sprach zu Joseph: Ich weiß es, mein Sohn, ich weiß es; aber der ältere wird dem jüngeren dienen, und dieser wird gesegnet werden"⁴.

6. Sehet, für wen er es bestimmt hat, dieses erste Volk zu sein und Erbe seines Bundes.

7. Wenn nun auch noch durch Abraham seiner (= dieses Volkes) Erwähnung geschah, dann haben wir das Vollmaß unserer Erkenntnis Was sagt nun der Herr dem Abraham, als es ihm zur Gerechtigkeit angerechnet wurde, dass er allein glaubte? "Siehe, ich habe dich, Abraham, gemacht zum Stammvater der Völker, die in der Vorhaut an Gott glauben"⁵.

---

1. Gen 25:21.
2. Ebd. 25:23; Röm 9:10-12.
3. Gen 48:11, 9.
4. Ebd. 48:13-19.
5. Gen 15:6.

## 14. KAP. DAS REICH GOTTES IST VON DEN JUDEN AUF DIE CHRISTEN ÜBERGEGANGEN.

Gut! Aber wir wollen sehen, ob der Bund, von dem er den Vätern geschworen, dass er ihn dem Volke gebe, von ihm wirklich gegeben worden ist. Ja; aber wegen ihrer Sünden waren sie nicht würdig, ihn zu empfangen.

2. Denn der Prophet sagt: "Und Moses fastete auf dem Berge Sina, um zu holen den Bund des Herrn an sein Volk, vierzig Tage und vierzig Nächte lang"[1]. "Und Moses empfing die zwei Tafeln, die mit dem Finger des Herrn geschrieben waren im Geiste"[2]; und Moses nahm sie und trug sie herab, um sie dem Volke zu geben.

3. "Und der Herr sprach zu Moses: 'Moses, Moses, steige eilends hinab; denn das Volk, das du aus Ägypten herausgeführt hast, hat das Gesetz übertreten.' Und Moses erkannte, dass sie sich wieder eherne Bilder gegossen hatten, und er

schleuderte die Tafeln aus seinen Händen, und die Tafeln des Bundes des Herrn zerbrachen"[3].

4. Moses hatte ihn (den Bund) zwar empfangen, aber sie waren dessen nicht würdig. Vernehmet, wie wir ihn empfangen haben. Moses empfing ihn als sein Diener, aber der Herr selbst hat ihn uns gegeben, dass wir seien ein Erbvolk, da er unseretwegen gelitten hat.

5. Er erschien aber, damit einerseits jenen das Maß ihrer Sünden voll würde, andererseits wir ihn empfingen durch den Herrn Jesus, des Bundes Erben, der dazu bestimmt war, dass er durch sein Erscheinen unsere schon dem Tode geweihten und der Gesetzwidrigkeit des Irrtums überantworteten Herzen aus der Finsternis erlöse und durch sein Wort in uns den Bund errichte.

6. Es steht nämlich geschrieben, wie sein Vater ihm den Auftrag gibt, dass er uns aus der Finsternis erlösen und ihm ein heiliges Volk bereiten soll.

7. Es sagt also der Prophet: "Ich, der Herr, dein Gott, habe dich gerufen in Gerechtigkeit, und ich will deine Hand ergreifen und dich stark machen, und ich habe dich gemacht zum Bunde für das Volk, zum Licht für die Heiden, zu öffnen die Augen von Blinden und zu befreien Gefangene von ihren Fesseln und aus dem Kerker, die im Finstern sitzen"[4]. Wir erkennen also, aus welcher Lage wir erlöst worden sind.

8. Und wiederum sagt der Prophet: "Siehe, ich habe dich zum Licht für die Völker gesetzt, damit du seiest zur Erlösung bis an die Grenzen der Erde, so spricht der Herr, dein Gott, der dich erlöst hat"[5].

9. Und wiederum sagt der Prophet: "Der Geist des Herrn

ist über mir deshalb, weil er mich gesalbt hat, Armen frohe Botschaft zu bringen, mich gesandt hat zu heilen, die zerknirschten Herzens sind, zu verkünden Gefangenen Freilassung, Blinden neues Augenlicht, auszurufen das angenehme Jahr des Herrn und den Tag der Vergeltung, zu trösten alle Trauernden"[6].

---

1. Ex 24:18.
2. Ebd. 31:18.
3. Ebd. 32:7, 19; Dtn 12:17.
4. Jes 42:6, 7.
5. Ebd. 49:6, 7.
6. Ebd. 61:1, 2.

## 15. KAP. AN STELLE DES JÜDISCHEN SABBATES TRAT DER CHRISTLICHE SONNTAG.

Ferner ist auch über den Sabbat geschrieben in den zehn Geboten, in denen der Herr auf dem Berge Sina zu Moses von Angesicht zu Angesicht gesprochen hat: "Und heiliget den Sabbat des Herrn mit reinen Händen und reinem Herzen"[1].

2. Und an einer anderen Stelle sagt er: "Wenn meine Söhne den Sabbat halten, dann will ich mein Erbarmen hingeben über sie"[2].

3. Den Sabbat erwähnt er am Anfang der Schöpfung: "Und der Herr schuf in sechs Tagen die Werke seiner Hände, und am siebten Tage hatte er sie vollendet, und er ruhte an diesem Tage und heiligte ihn"[3].

4. Merket auf Kinder, was bedeutet das "in sechs Tagen vollendete er sie". Das heißt, dass in sechstausend Jahren der Herr alles vollenden wird; denn der Tag bedeutet bei ihm tausend Jahre. Er selbst bezeugt mir das, wenn er sagt: "Siehe,

ein Tag des Herrn wird sein wie tausend Jahre"[4]. Also Kinder, in sechs Tagen, (das heißt) in sechstausend Jahren wird alles vollendet sein.

5. Und am siebten Tage ruhte er. Das heißt: Wenn sein Sohn kommt und der Zeit des Bösen ein Ende machen und die Gottlosen richten und die Sonne, den Mond und die Sterne umändern wird, dann wird er ruhmvoll ruhen am siebten Tage.

6. Fernerhin sagt er: "Du sollst ihn heiligen mit reinen Händen und reinem Herzen"[5]. Wenn nun jemand den Tag, den der Herr geheiligt hat, jetzt schon heiligen kann mit reinem Herzen, dann sind wir völlig im Irrtum.

7. Siehe, dass wir erst dann recht ruhen und ihn heiligen werden, wenn wir dazu imstande sind, weil wir selbst gerechtfertigt sind und das Evangelium empfangen haben, wenn es kein Unrecht mehr gibt, vielmehr alles vom Herrn neu geschaffen ist; erst dann also werden wir ihn heiligen können, wenn wir selbst zuerst geheiligt sind.

8. Zudem aber sagt er ihnen: "Eure Neumonde und eure Sabbate ertrage ich nicht mehr"[6]. Sehet, wie er sagt: Nicht die jetzigen Sabbate sind mir angenehm, sondern den ich eingesetzt habe, an dem ich, nachdem ich alles beendigt habe, den Anfang des achten Tages, das heißt den Beginn einer anderen Welt ansetzen werde.

9. Deshalb begehen wir auch den achten Tag ( = den Sonntag, den ersten Tag der neuen Woche) in Freude, an dem auch Jesus von den Toten auferstanden und, nachdem er sich geoffenbart hatte, in den Himmel aufgestiegen ist.

1. Ex 20:8; Dtn 5:12.
2. Jer 17:24.
3. Gen 2:2.
4. Ps 89:4; 2 Petr 3:8.
5. Ex 20:8.
6. Jes 1:13.

## 16. KAP. AN STELLE DES STEINERNEN TEMPELS DER JUDEN TRAT DER GEISTIGE TEMPEL DER CHRISTENHERZEN.

Auch über den Tempel will ich noch zu euch reden, wie die Unglücklichen in ihrem Irrtum ihre Hoffnung setzten auf den Bau, als wäre er das Haus Gottes, statt dass sie auf ihren Gott, der sie erschaffen, gehofft hätten.

2. Denn fast nach Art der Heiden haben sie ihn verehrt in dem Tempel. Aber höret, wie der Herr spricht, da er ihm ein Ende setzt: "Wer hat den Himmel gemessen mit der Spanne oder die Erde mit der hohlen Hand? Nicht ich? Es spricht der Herr: Der Himmel ist mein Thron, die Erde der Schemel meiner Füße. Was für ein Haus wollt ihr mir erbauen oder was soll der Ort meiner Ruhe sein?"[1] Erkennet also, dass ihre Hoffnung grundlos ist

3. Ferner sagt er wiederum: "Siehe, die diesen Tempel zerstörten, werden ihn selbst wieder aufbauen"[2].

4. Das trifft ein. Denn weil sie Krieg führten, wurde der

Tempel von ihren Feinden zerstört; jetzt werden gerade die Untertanen der Feinde ihn wieder aufbauen.

5. Wiederum ist geoffenbart worden, dass die Stadt, der Tempel und das Volk Israel dem Untergang anheimgegeben werden soll. Es sagt nämlich die Schrift: "Und es wird geschehen am Ende der Tage, und der Herr wird übergeben die Schafe der Weide, ihren Stall und ihren Turm dem Untergang"[3]. Und es geschah, wie der Herr gesagt hatte.

6. Untersuchen wir nun aber, ob es einen Tempel Gottes gibt. Es gibt einen da, wo er selbst ihn zu bauen und aufzurichten bezeugt. Es steht nämlich geschrieben: "Und es wird geschehen, wenn die Woche zu Ende geht, wird der Tempel prachtvoll erbaut werden auf den Namen des Herrn"[4].

7. Ich finde also, dass es einen Tempel gibt. Wie er nun wird erbaut werden auf den Namen des Herrn, das vernehmet. Bevor wir nämlich unserem Gotte glaubten, war die Wohnung unseres Herzens dem Verderben zugänglich und schwach, wie ein wirklich von Händen erbauter Tempel, weil es voll war von Götzendienst und weil es war eine Behausung für Dämonen, weil wir taten, was Gott zuwider war.

8. Er wird aber aufgebaut werden auf den Namen des Herrn. Gebet aber acht, auf dass der Tempel des Herrn prachtvoll aufgebaut werde. Wie? Das vernehmet! Da wir Verzeihung der Sünden erlangten und gehofft haben auf den Namen des Herrn, sind wir neu geboren worden, wiederum von neuem geschaffen; deshalb wohnt in uns im Gemache (unseres Herzens) Gott wahrhaftig.

9. Wieso? Sein Wort der Treue, seine Berufung zur Verheißung, die Weisheit seiner Satzungen, die Forderungen seiner

Lehre, ja er selbst, der in uns weissagt, er selbst, der in uns wohnt, der uns, dem Tode Unterworfenen, die Türe des Tempels, das ist den Mund öffnet, der uns Bußgeist verleiht, er zieht ein in den unvergänglichen Tempel.

10. Denn wer nach dem Heile sich sehnt, schaut nicht auf den Menschen, sondern auf den, der in ihm wohnt und spricht, erstaunt darüber, dass er seither weder die Worte einmal vernommen aus dem Munde des Redenden, noch dass er selbst bisher sich gesehnt habe, sie zu hören. Das ist der geistige Tempel, erbaut für den Herrn.

---

1. Jes 40:12; 66:1.
2. Gemeint sind die Untertanen der Römer = die Christen.
3. Hen 89:56, 66, 67.
4. Dan 9:24-27?

## 17. KAP. SCHLUSS DES ERSTEN TEILES ÜBER DAS ALTE TESTAMENT.

Soweit es möglich war, in einfacher Weise euch aufzuklären, hofft meine Seele, dass ich in meinem Bestreben nichts übergangen habe, was zum Heile dienlich ist.

2. Wenn ich euch über die gegenwärtigen und künftigen Dinge schreiben würde, (so fürchte ich,) ihr würdet es nicht verstehen, weil es in Geheimnissen verborgen liegt. Das habe ich also auf diese Weise erledigt.

## 18. KAP. ZWEITER TEIL: DIE BEIDEN WEGE.

Nun wollen wir aber übergehen zu der anderen Erkenntnis und Lehre. Es gibt zwei Wege der Lehre und der Macht, nämlich den des Lichtes und den der Finsternis Der Unterschied zwischen den beiden Wegen aber ist groß. Auf dem einen sind nämlich aufgestellt lichttragende Engel Gottes, auf dem anderen aber Engel des Teufels.

2. Und jener ist Herr von Ewigkeit zu Ewigkeit, dieser aber ist der Fürst dieser gegenwärtigen, gottlosen Zeit.

## 19. KAP. DER WEG DES LICHTES.

Der Weg des Lichtes nun ist dieser: Wenn einer seinen Weg gehen will bis zum vorgesteckten Ziele, so soll er sich beeilen durch seine Werke. Die Erkenntnis nun, die uns gegeben wurde darüber, wie wir auf diesem Wege wandeln müssen, ist also:

2. Liebe den, der dich erschaffen, fürchte den, der dich gebildet, verherrliche den, der vom Tode dich erlöst hat! Sei geraden Herzens und reich im Geiste! Verkehre nicht mit denen, die wandeln auf dem Wege des Todes! Hasse alles, was Gott nicht gefällt, hasse jegliche Heuchelei! Versäume nichts von Gottes Geboten!

3. Erhebe dich nicht selbst, denke demütig in jeglicher Hinsicht, schreibe dir selbst keine Ehre zu! Fasse keinen bösen Anschlag wider deinen Nächsten! Gestatte deiner Seele keine Anmaßung!

4. Treibe nicht Unzucht, Ehebruch, Knabenschändung!

Das Wort Gottes rede nicht bei der Unreinheit anderer! Schau nicht auf die Person, wenn du jemand zurechtweisest über einen Fehltritt! Sei milde, ruhig, zittere vor den Worten, die du gehört hast! Deinem Bruder trage Böses nicht nach!

5. Sei nicht geteilter Meinung, ob es (= die Verheißungen) sich erfüllen werde oder nicht! "Du sollst den Namen Gottes nicht eitel nennen"[1]! Liebe deinen Nächsten mehr als deine eigene Seele! Töte das Kind nicht durch Abtreibung, noch auch töte das Neugeborene! Ziehe deine Hand nicht zurück von deinem Sohne oder von deiner Tochter, sondern lehre sie von jung auf die Furcht Gottes!

6. Begehre nicht nach dem Besitze deines Nächsten, werde nicht habsüchtig! Geselle dich nicht in deinem Herzen zu den Hochmütigen, sondern verkehre mit den Demütigen und Gerechten! Was dir übles zustößt, das nimm als gut an und wisse, dass ohne Gott nichts geschieht!

7. Denke nicht noch rede zwiespältig! Denn die Doppelzüngigkeit ist ein Fallstrick des Todes. Sei untertan deinem Herrn als dem Vertreter Gottes in Achtung und Furcht! Gib deinem Knecht und deiner Magd, die auf den gleichen Gott hoffen, deine Befehle nicht in Bitterkeit, damit sie nicht einmal ablegen ihre Furcht vor Gott, der über euch beide herrscht. Denn er ist nicht gekommen, um zu berufen nach Ansehen der Person, sondern zu denen, die der Geist vorbereitet hat.

8. Von allem sollst du deinem Nächsten mitteilen und nicht sagen, es sei dein eigen! Wenn ihr nämlich die unvergänglichen Güter gemeinsam habt, um wieviel mehr die vergänglichen? Sei nicht vorlaut! Ein Fallstrick des Todes ist nämlich

der Mund. Soviel du kannst, führe ein reines Leben deiner Seele zulieb!

9. Sei nicht so, dass du deine Hand ausstreckst zum Nehmen, zum Geben aber sie zuhältst! Liebe wie deinen Augapfel[2] jeden, der dir das Wort des Herrn verkündet!

10. Bei Tag und bei Nacht denke an den Tag des Gerichtes und suche täglich das Antlitz der Heiligen, sei es dass du durch Reden dich abmühest, hingehest, sie zu trösten, und nachsinnest, wie du durch die Rede eine Seele rettest, oder dass du mit den Händen (= durch Almosen) arbeitest zur Tilgung deiner Sünden.

11. Zweifle nicht, ob du geben sollst, und gib ohne Murren! Du wirst einsehen, wer der herrliche Erstatter deines Lohnes ist. Bewahre, was du erhalten, ohne etwas hinzuzufügen oder wegzunehmen![3] Das Böse hasse in Ewigkeit! Urteile gerecht![4]

12. Rufe keine Spaltungen hervor, sondern stifte Frieden, indem du Streitende versöhnst! Bekenne deine Sünden! Schreite nicht zum Gebete mit einem schlechten Gewissen! Das ist der Weg des Lichtes.

---

1. Dtn 5:11.
2. Dtn 32:10; Ps 16:8.
3. Dtn 12:32.
4. Ebd. 1:16; Spr 31:9.

## 20. KAP. DER WEG DER FINSTERNIS.

Der Weg der Finsternis aber ist krumm und voll Fluch. Es ist nämlich der Weg zum ewigen Tode voll Strafe; auf diesem befindet sich das, was ihre Seelen zugrunde richtet: Götzendienst, Frechheit, Überhebung wegen der Macht, Heuchelei, Doppelherzigkeit, Ehebruch, Mord, Raub, Stolz, Übertretung, List, Bosheit, Anmaßung, Giftmischerei, Zauberei, Habsucht, Vermessenheit gegen Gott.

2. Leute, die die Guten verfolgen, die Wahrheit hassen, die Lüge lieben, den Lohn der Gerechtigkeit nicht kennen, dem Guten nicht nachstreben[1] und dem gerechten Urteil, sich nicht bemühen um Witwen und Waisen, sich nicht kümmern um die Gottesfurcht, sondern um das Böse, von denen gar weit entfernt ist Sanftmut und Geduld, die das Eitle lieben, nach Vergeltung haschen,[2] kein Mitleid haben mit dem Bettler, sich nicht annehmen um den Niedergebeugten, die bereit sind zum Verleumden, die ihren Schöpfer nicht anerkennen, Kinder

morden,[3] die Geschöpfe Gottes im Mutterschosse umbringen, dem Bedürftigen den Rücken zukehren, den Bedrängten unterdrücken, den Reichen beistehen, die Armen ungerecht richten, Sünder in allen Stücken.

---

1. Röm 12:9.
2. Ps 4:3.
3. Jes 1:13.

## 21. KAP. WANDLE IN GOTTES GEBOTEN, DENN DER HERR IST NAHE.

Daher ist es recht, dass der Mensch alle Satzungen des Herrn, die geschrieben stehen, kennen lerne, und in diesen wandle. Denn wer dieses tut, wird im Reiche Gottes verherrlicht werden; wer dagegen jenes andere (den Weg der Finsternis) sich auswählet, wird zugleich mit seinen Werken verloren gehen. Darum gibt es eine Auferstehung, darum eine Wiedervergeltung.

2. Ich bitte euch, die Vornehmen, wenn ihr von mir einen wohlgemeinten Rat annehmet: Ihr habt unter euch solche, denen ihr Gutes tun könnt; versäumet das nicht! 3. Nahe ist der Tag, an dem für den Bösen alles verloren ist; nahe ist der Herr und sein Lohn[1].

4. Immer wieder bitte ich euch: Seid euch selbst gute Gesetzgeber, bleibet euch selbst gute Ratgeber, tilget aus in euch jegliche Heuchelei!

5. Gott aber, der über die ganze Welt gebietet, möge euch

verleihen Weisheit, Einsicht, Verstand, Erkenntnis seiner Satzungen, Beharrlichkeit.

6. Werdet gelehrige Schüler Gottes, indem ihr fleißig forschet, was Gott von euch verlangt, und tuet es, damit ihr (als solche = gelehrige Schüler Gottes, Gerechte) erfunden werdet am Tage des Gerichtes.

7. Wenn ihr ein Gedächtnis habet für eine Wohltat, gedenket meiner, indem ihr diese meine Worte beherziget, damit mein Verlangen und meine Sorgfalt zu etwas Gutem führe. Ich ersuche euch darum, indem ich eine Wohltat erbitte.

8. Solange noch das herrliche Gefäß bei euch ist (solange ihr noch in diesem Leibe lebet), versäumet nichts von dem Eurigen (= euren Verpflichtungen), sondern forschet stets darüber nach und erfüllet jegliches Gebot; denn sie sind es wert.

9. Deshalb war ich um so mehr bemüht, von dem, was ich beherrschte, euch zu schreiben, um euch eine Freude zu machen. Lebet wohl, Kinder der Liebe und des Friedens, der Herr der Herrlichkeit und jeglicher Gnade sei mit eurem Geiste!

---

1. Ebd. 40:10.

Copyright © 2020 by FV Editions
Cover Design : FVE
Ebook ISBN : 979-10-299-0885-9
Paperback ISBN : 979-10-299-0886-6
Hardcover ISBN : 979-10-299-0887-3
All rights reserved.

www.ingramcontent.com/pod-product-compliance
Lightning Source LLC
LaVergne TN
LVHW041616070526
838199LV00052B/3173